小学
人工智能
通识

张兆翔
主 编

石 沙 张 森
副主编

石 沙 张 森 刘晓杰 冉 敏
张建彬 孙秋石 罗明勇
编 著

内 容 提 要

本书专为小学生量身打造，旨在以趣味性、易懂的方式引领他们走进人工智能的奇妙世界，培养他们对科技的兴趣与创新思维。

本书共包含6个单元，以通俗易懂的语言深入浅出地介绍了人工智能的概念、机器人技术、计算机视觉、智能语音、机器学习，以及人工智能的未来发展趋势和伦理问题等，让小学生初步感知人工智能就在身边，激发他们的学习热情。本书巧妙运用类比和比喻，将人工智能相关的技术原理用小学生听得懂的语言进行讲解，降低了小学生的理解门槛，为后续深入学习奠定了基础。此外，实践操作是本书的一大特色。书中设计了丰富且贴合小学生认知水平的实践活动，如编程小游戏、智能作品搭建等，以更好地激发小学生的学习兴趣，让他们更扎实、有效地掌握人工智能相关的知识与技能。

本书图文并茂、内容丰富、形式活泼，符合小学生的认知特点和学习需求。它将理论知识与实践操作结合，不仅能让小学生掌握人工智能的基础知识和技能，还能激发他们对未来科技的探索欲望，为其全面发展和未来职业规划提供有力支持。

图书在版编目（CIP）数据

小学人工智能通识 / 张兆翔主编；石沙，张森副主编；石沙等编著 . -- 北京：北京大学出版社，2025.9. -- ISBN 978-7-301-36525-0

Ⅰ . G624.583

中国国家版本馆 CIP 数据核字第 2025UK9803 号

书　　　名	小学人工智能通识 XIAOXUE RENGONG ZHINENG TONGSHI	
著作责任者	张兆翔　主编　　石　沙　张　森　副主编 石　沙　张　森　刘晓杰　冉　敏　张建彬　孙秋石　罗明勇　编著	
责 任 编 辑	孙金鑫	
标 准 书 号	ISBN 978-7-301-36525-0	
出 版 发 行	北京大学出版社	
地　　　址	北京市海淀区成府路 205 号　100871	
网　　　址	http://www.pup.cn　新浪微博：@北京大学出版社	
电 子 邮 箱	编辑部 pup7@pup.cn　总编室 zpup@pup.cn	
电　　　话	邮购部 010-62752015　发行部 010-62750672　编辑部 010-62570390	
印 刷 者	北京宏伟双华印刷有限公司	
经 销 者	新华书店 787 毫米 ×1092 毫米　16 开本　10.75 印张　127 千字 2025 年 9 月第 1 版　2025 年 9 月第 1 次印刷	
印　　　数	1-4000 册	
定　　　价	69.00 元	

未经许可，不得以任何方式复制或抄袭本书之部分或全部内容。
版权所有，侵权必究
举报电话：010-62752024　电子邮箱：fd@pup.cn
图书如有印装质量问题，请与出版部联系，电话：010-62756370

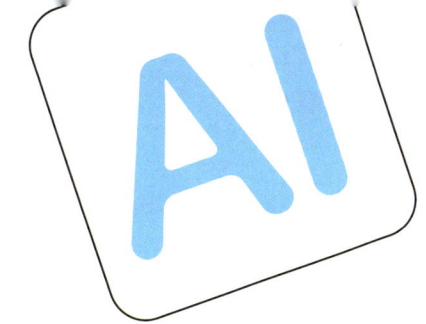

在我们生活的这个时代,科技就像一位神奇的魔法师,正以令人惊叹的速度改变着世界。人工智能无疑是这位魔法师手中耀眼的魔杖,它悄然融入我们生活的方方面面,让我们的生活变得更加便捷、高效和有趣。和智能音箱聊天,它能精准理解你的需求并给出回应;使用智能手机拍照,相机能自动识别场景并优化画面;乘坐无人驾驶汽车,你能够安全又舒适地抵达目的地……这些都是人工智能为我们创造的奇妙体验。人工智能不仅改变了我们的生活方式,还推动着各个领域的创新和发展。

通识,即广泛、全面的知识与见解,其核心是对知识的综合理解与掌握。通识不仅注重知识的积累,还强调培养批判性思维和创新能力,促使我们从多个角度看待问题,运用跨学科的知识解决实际问题。接触并接受了通识教育的人,往往能够在复杂多变的世界中保持敏锐的洞察力和适应能力，且能够更好地与不同背景的人交流与合作，实现个人的全面发展。

基于此，我们精心编写了《小学人工智能通识》这本书，它将带领孩子们打开人工智能的神秘大门，探索其中的奥秘。

本书一共包含6个单元。

第一单元像一位亲切的向导，引领大家走进人工智能的世界，帮助大家初步认识人工智能。

第二单元将为大家展示机器人的奇妙世界。通过学习，大家将了解机器人的应用场景、结构和工作原理，从而激发探索机器人技术的兴趣。

第三单元将讲解计算机如何像人类一样"看"世界。通过这一单元的学习，大家将了解计算机视觉在不同领域的广泛应用，同时掌握一些AI大模型的应用技巧。

第四单元将介绍自然语言处理的基本概念和流程，并带大家体验大语言模型的应用及翻译软件的制作。

第五单元将简单探讨人工智能背后的学习机制。大家将了解机器学习的基本原理和方法，感受计算机从数据中发现规律的神奇能力。

第六单元包含两个部分，在"新伙伴：AI的发展和对未来社会的影响"部分，大家将了解人工智能的发展现状和趋势等；"新规则：AI也要'讲秩序'"部分则会引导大家思考人工智能带来的伦理和法律问题等。

在编写本书时，我们充分考虑小学生的认知水平和兴趣特点，不仅采用生动有趣的文字、丰富多样的案例和形象直观的图片，还设置了许多实践活动和互动环节，让小学生在轻松愉快的氛围中学习和探索。希望本书能成为大家探索人工智能世界的得力助手，同时激发大家对科学技术的热爱和好奇心。愿大家在学习的过程中收获知识、收获快乐，在未来的日子里，能够运用所学的知识，创造出更美好的世界。

　　本书主要编写者为：第一单元——张建彬、孙秋石；第二单元——张森；第三单元——石沙、罗明勇；第四单元——冉敏；第五单元——刘晓杰；第六单元——张建彬、孙秋石。由于编者水平有限，书中难免存在不足之处，恳请广大读者提出宝贵的意见和建议，以便我们不断改进和完善。

温馨提示

本书附赠资源可用微信扫描右侧二维码，关注微信公众号并输入本书第77页的资源下载码，根据提示获取。

博雅读书社

目录

第一单元
走进新时代——初识人工智能

1.1 神奇世界：人工智能在我们身边 ·········003

    1.1.1 身边的人工智能应用 ·········003

    1.1.2 人工智能的特征 ·········004

1.2 前世今生：人工智能的发展历程 ·········008

    1.2.1 图灵测试 ·········008

    1.2.2 人工智能发展的3次浪潮 ·········011

单元小结 ·········015

第二单元
像人一样的机器——了解机器人

2.1 初认识：机器人，是机器还是人 ·········021

    2.1.1 什么是机器人 ·········021

    2.1.2 机器人安全三法则 ·········022

2.1.3　机器人与人工智能的关系 ……………………………………………… 024

2.2　跨越千年：古今中外的机器人 …………………………………………… 026
　　　2.2.1　古代机器人雏形 ……………………………………………………… 026
　　　2.2.2　现代机器人演进 ……………………………………………………… 031

2.3　结构探秘：机器人的硬件组成 …………………………………………… 036
　　　2.3.1　机器人的机械部件 …………………………………………………… 036
　　　2.3.2　机器人的电子部件 …………………………………………………… 038

2.4　智慧之源：机器人的思维 ………………………………………………… 045
　　　2.4.1　连接机器人和计算机 ………………………………………………… 045
　　　2.4.2　导入单片机模块 ……………………………………………………… 046
　　　2.4.3　编写并保存程序 ……………………………………………………… 047
　　　2.4.4　设置通信端口 ………………………………………………………… 049
　　　2.4.5　上传程序到单片机 …………………………………………………… 049

单元小结 ………………………………………………………………………… 050

第三单元

人工智能的"眼睛"——了解计算机视觉

3.1　初认识：计算机存储图像的"密码" …………………………………… 057
　　　3.1.1　像素与分辨率 ………………………………………………………… 057
　　　3.1.2　用数字表示颜色 ……………………………………………………… 059

3.2　图像识别：计算机视觉是怎样"练"成的 ·············· 064
3.2.1　"看见"——获取图像的信息 ·············· 064
3.2.2　"优化"——对图像进行预处理 ·············· 065
3.2.3　"分析"——提取图像的特征 ·············· 067
3.2.4　"识图"——判定图像的身份 ·············· 069

3.3　AI生图：AI大模型的应用 ·············· 071
3.3.1　以图生图 ·············· 071
3.3.2　以文生图 ·············· 074

单元小结 ·············· 077

第四单元
人工智能的"听"与"说"——了解智能语音与NLP

4.1　初认识：听得懂、会说话的机器 ·············· 083
4.1.1　声音的数字化表示 ·············· 083
4.1.2　语音识别过程 ·············· 085
4.1.3　自然语言处理 ·············· 088

4.2　我问你答：大语言模型的应用 ·············· 093
4.2.1　智能问答系统 ·············· 093
4.2.2　智能写作助手 ·············· 096
4.2.3　大语言模型的"幻觉"问题 ·············· 098

4.3　翻译软件：编写AI小程序 102

　　4.3.1　机器翻译概述 102

　　4.3.2　制作翻译软件 103

单元小结 107

第五单元

人工智能的"超级大脑"——初探机器学习

5.1　初认识：机器学习的"大本领" 113

　　5.1.1　什么是机器学习 113

　　5.1.2　机器学习的分类 114

　　5.1.3　机器学习的功能 117

5.2　数据采集：收集"学习"的内容 120

　　5.2.1　了解"数据采集" 120

　　5.2.2　体验"数据采集" 122

5.3　模型训练：整理"学习"的思路 127

　　5.3.1　了解"模型训练" 127

　　5.3.2　体验"模型训练" 129

5.4　模型测试：检验"学习"的结果 131

　　5.4.1　了解"模型测试" 131

　　5.4.2　体验"模型测试" 135

单元小结 138

第六单元

人工智能——新伙伴，新规则

6.1　新伙伴：AI的发展和对未来社会的影响	145
6.1.1　人工智能的发展现状和趋势	145
6.1.2　基于人工智能的未来社会畅想	148
6.2　新规则：AI也要"讲秩序"	154
6.2.1　AI需要"新规则"	154
6.2.2　使用AI"讲规则"	156
单元小结	161

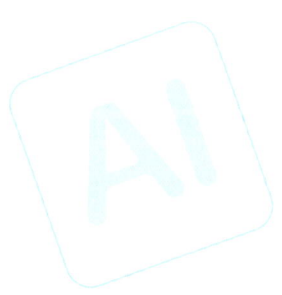

第一单元

走进新时代——
初识人工智能

同学，你使用过智能设备吗？

近年来，智能手机已经成为日常生活中的必备工具之一，为我们提供了很多便利。智能手机中的应用软件能够帮助人们识别图片中的文字、提供语音导航、将各种语言翻译成中文，甚至还可以与人们聊天互动。拥有如此多的本领，是因为智能手机中的很多应用软件都应用了人工智能（Artificial Intelligence，简称 AI）技术。

智能手机中的智能应用软件

什么是人工智能？除了手机中的智能应用软件，日常生活中还有哪些人工智能应用？人工智能技术又是何时发展起来的？

> **学习要求**
> - 能够发现身边的人工智能应用，了解这些应用为我们的学习、生活带来的价值。
> - 了解人工智能的特征。
> - 了解人工智能的发展历程。

1.1 神奇世界:人工智能在我们身边

我们生活在信息时代,人工智能技术已经越来越多地融入我们的学习、生活和工作中,影响着我们思考和解决问题的方式。

1.1.1 身边的人工智能应用

在一天的时间里,小智和他的老师、同学、家人可以用 AI 技术完成哪些事情呢?

06:30
智能音箱准时叫醒小智一家人,并自动播放当天的天气预报和城市新闻。

07:20
小智的妈妈启动智能电动汽车,打开导航,查看道路交通状况。

08:10
小智和同学们通过校门口的人脸识别系统进入校园。

10:45
数学老师用AI软件批改同学们的测验内容,并迅速生成了成绩分析图表。

12:30
小智的爷爷和奶奶在餐厅用餐,机器人服务员接待了他们。

16:30
兴趣班的同学与下棋机器人展开了一场精彩的国际象棋对决。

19:00
小智的爸爸下班到家后,通过指纹解码,打开了家门。

21:30
临睡前,小智的妈妈通过手机给扫地机器人发出指令,让它清扫家中的地面。

生活中，人工智能技术的应用随处可见。那么，什么是人工智能呢？目前还没有严格的定义。在不同的时期，人们对人工智能的认识也不尽相同。

当前阶段，人们通常认为人工智能是能够模拟、延伸和扩展人的智能的技术，主要包括图像识别、语音识别与合成、自然语言处理、机器学习、智能机器人等技术。人工智能让机器像人一样，拥有了"看""听""说"，以及"行动""思考""学习"等能力，为人们的学习、生活、工作提供了很大帮助。

思考与实践

表 1-1 中列举了几种人工智能应用的场景。思考一下，各应用分别表明机器具有看、听、说、行动、思考、学习等能力中的哪一种或哪几种。

表1-1　人工智能应用及机器表现的能力

人工智能应用	机器表现的能力
识花应用软件能够通过花朵的照片判别出花名	
说书应用软件能够将文章读给用户听	
快递公司通过无人驾驶车为客户送货	
导航软件能为用户规划出最快的出行线路	
通过对手机的语音助手说出人名来拨打电话	
机器"看"了很多猫的图片后就能够识别出猫	

1.1.2　人工智能的特征

一般而言，人工智能应具有 3 个显著的特征。

1. 由人设计，为人服务

按照人设定的逻辑和程序进行工作，通过对数据进行采集、加工、处理、分析和挖掘，形成有价值的信息，为人类提供可以模拟人类智能的服务。

2. 拥有感知能力，能与人进行交互

人工智能可以对外界环境进行感知，像人一样通过听觉、视觉等接收信息，并对信息进行分析和处理；能够通过语言、手势、表情及某些硬件设备与人进行交互。

3. 拥有学习能力，能够进行自我更新

人工智能可以随着外界环境、数据、任务等情况的变化进行学习。通过学习，它能够对程序进行自我更新，并不断自我完善，以便更好地分析和处理问题。

思考与实践

根据人工智能的描述及特征，判断表 1-2 中的各项应用是否属于人工智能。

表1-2 判断应用描述是否属于人工智能

应用描述	是否属于人工智能
手机拍照后可以自动美颜	○是　○否
在微信对话中，可以将语音信息转换为文字内容	○是　○否
路灯能够根据光线强弱自动开关	○是　○否
音乐播放软件能够根据用户的喜好推荐歌曲	○是　○否

弱人工智能与强人工智能

人工智能的目标是使机器具备模拟人类智能的能力，让机器能够像人类一样学习和思考。按照机器是否具有自主意识及独立思考能力来划分，将人工智能分为弱人工智能与强人工智能。

弱人工智能是专注于单一或特定任务的人工智能。例如，在围棋领域超越人类顶尖水平的阿尔法围棋（AlphaGo），就是弱人工智能的典型代表。它能够在特定任务（如围棋）中高效、精准地运作，但并不具备人类的自主意识，也无法像人类一样在不同领域间迁移知识或举一反三。

强人工智能是各方面都能与人类比肩的人工智能，它不仅能够解决特定问题，还能像人类一样学习、推理，甚至可能具备自主意识。某些情况下，它可能完成超越人类能力的任务。

目前的人工智能技术属于弱人工智能，一般都是被人们当作解决问题的工具来使用。强人工智能是人工智能研究领域的重要目标，但实现起来非常困难。

讨论与交流

1. 畅想一下：未来社会中，在人工智能的支持下，我们的生活会是怎样的？

2. 你设想过自己未来的职业吗？有没有可能当你步入社会时，这个职业已经被人工智能取代？到那时你将如何面对？请结合所学知识，充分发挥想象，谈谈你对未来职业的构想。

从以上两个论题中任选其一完成。将你的设想以短文或多媒体作品的形式呈现，并与同学交流。

1.2 前世今生：人工智能的发展历程

很久以前，人类就希望用机器来代替人力劳动。早在20世纪甚至更早，有多位科学家提出了一些设想和理论，为人工智能的诞生奠定了坚实的基础。在人工智能的发展历程中，科学家们始终致力于让机器模拟人类智能。

基于此，科学家们一直在思考一个问题——如何验证机器真正具备了人类智能？正是这样的思考，促使了图灵测试的诞生。

1.2.1 图灵测试

1950年，计算机科学之父艾伦·图灵提出了著名的"图灵测试"。

图灵测试的基本设计是：测试者（人类）与被测试者（包括一个人和一台机器）处于相互隔离的状态，他们之间通过键盘等设备进行交流。测试者可以向被测试者提出各种问题，而被测试者则需要给出相应的回答。如果超过30%的测试者无法辨别回答是来自机器还是人类，那么这台机器就通过了图灵测试，被认为具有了一定的人类智能。这个测试的核心在于，评估机器是否能够展现出与人类相似的认知和交流能力。

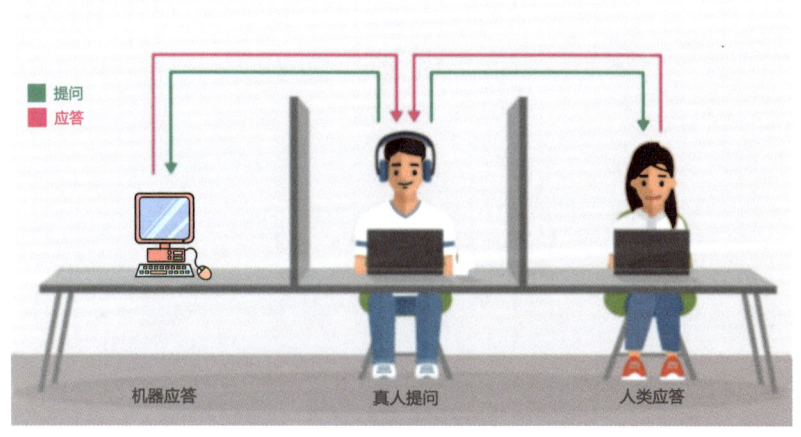

图灵测试示意图

思考与实践

1. 查阅资料，了解计算机科学之父艾伦·图灵的生平。除了图灵测试，这位计算机科学之父还在计算机等领域做了哪些突出的贡献？

2. 和同学们一起玩一个模拟图灵测试的小游戏。

艾伦·图灵

游戏的基本规则如下。

3位同学（甲、乙、丙）一组，体验图灵测试。

甲扮演测试者，通过聊天软件向另外两位同学提出问题。甲对乙和丙的扮演身份不知情。

乙扮演被测试者（人类），通过聊天软件直接与甲互动；丙扮演被测试者（机器），将甲提出的问题发给聊天机器人，然后将聊天机器人的回复复制并发给甲，注意不要进行任何修改。

按照此规则，甲与乙、丙进行提问与回答的互动，记录在表1-3中。多轮互动后，由甲来判断乙、丙两位同学分别扮演的角色，并说出判断依据。

表1-3 提问与回答的互动记录

互动轮次	扮演角色		
	甲 （测试者）	乙 （被测试者：人类）	丙 （被测试者：机器）
第一轮互动			
第二轮互动			
第三轮互动			
……			

> ⚙️ **知识拓展**

第一个通过图灵测试的人工智能

2014年,在英国皇家学会举办的"2014图灵测试"大会上,一个名为"尤金·古斯特曼"的聊天程序创造了历史。它通过模仿一名乌克兰的13岁男孩,成功地让33%的测试者相信它是真实的人类,从而被活动主办方宣称为首个通过标准图灵测试的聊天程序。

聊天程序"尤金·古斯特曼"

图灵测试用于检测机器是否拥有像人类一样的智能。它让机器模仿人类的行为,试图让测试者分不清被测试者是机器还是人。

在网络安全中,网络工程师用到了"反向图灵测试",即验证码。验证码通常会要求用户识别扭曲的字母或数字,这类任务只有人类才能轻松完成,以此来确保操作者是人类,防止机器进行恶意操作(如暴力破解密码、发送垃圾邮件、滥用在线服务等)。

1.2.2 人工智能发展的3次浪潮

人工智能在其发展的历程中，经历了起起伏伏的变化。

1. 人工智能的诞生

1956年夏，约翰·麦卡锡、克劳德·香农等众多杰出学者在美国汉诺威小镇的达特茅斯学院，举办了一场关于机器智能的学术研讨会。这次会议，也被称为达特茅斯会议。正是在此次里程碑式的会议上，"人工智能"这一划时代的概念诞生了。

达特茅斯学院旧址

由此，达特茅斯会议被认为是人工智能的起源，开启了人类探索人工智能领域的崭新征程。

2. 第一次发展浪潮

达特茅斯会议之后，人工智能的发展受到高度关注。自1956年起至20世纪70年代初，相关发明层出不穷。此时期的人工智能以推理为主，在定理证明、自然语言处理方面都取得了一定的成绩。

1958年，美籍华人数学家王浩在IBM704计算机上编写了3个自动证明程序，仅用9分钟就成功证明了《数学原理》中的350多条定理，展示了计算机在逻辑推理方面的潜力。

1966年，麻省理工学院的约瑟夫·维森鲍姆开发了第一个聊天机器人ELIZA。ELIZA通过简单的模式匹配和替换规则来模拟对话，给用户一种与真人交流的错觉。可以说，它是现代聊天软件和智能助手的鼻祖。

首个聊天程序ELIZA界面

然而，此阶段的人工智能技术只能解决简单的问题，在面对复杂问题时却无能为力。

1973年，美英政府停止向没有明确目标的人工智能研究项目拨款，人工智能发展进入第一次寒冬。

3. 第二次发展浪潮

20世纪80年代初，科学家们认识到"知识"对人工智能的重要性，开始开发专家系统。这些系统能够模拟人类专家的决策过程，被广泛应用于物理、化学、医疗等多个领域，极大地提升了工作效率，创造了巨大的经济和社会价值。

但是，专家系统依赖于人工设定的规则，缺乏自我学习和认知能力，开发成本高昂。在经历了近10年的快速发展期后，专家系统的研发逐渐陷入停滞，人工智能的第二个快速发展期也随之结束。

专家系统

专家系统是人工智能的一个重要分支，旨在让计算机模拟人类专家的决策能力，在特定领域内解决复杂问题。它依赖于两个核心要素：一个是存储大量专业知识、可行操作和规则的知识库；另一个是用于记忆所采用的规则和控制策略的程序——推理机，它能够运用知识进行逻辑推理，从而得出合理的结论。

专家系统应用广泛，比如在医疗领域辅助诊断疾病、在金融领域评估投资风险、在化学工程中设计实验流程、在法律领域提供咨询服务等，是现代科技中非常重要的智能助手。

4. 第三次发展浪潮

20世纪90年代后期，互联网技术的兴起为人工智能提供了海量的数据支持。

2006年，杰夫·辛顿在"深度学习"领域取得关键性突破，推动了人工智能在图像识别、语音处理、自然语言处理等领域的发展。机器通过学习不断优化自身的算法和模型，以更加贴近人类的认知方式进行思考和决策。这一阶段，人们越来越深刻地认识到，"学习"作为人工智能的核心能力，是实现其智能化的关键。

2020年以后，随着ChatGPT等大模型的正式发布，AI进入生成式智能发展阶段，展现出强大的语言、视频等多种类信息生成能力。

2024年，中国企业通过算法创新和算力优化，成功研发并发布了大语言模型DeepSeek-V3。DeepSeek独特而强大的思维链呈现模式，打破了美国的 AI 垄断，进一步促进了全球 AI 技术的普及应用。

人工智能的发展经历了 3 次浪潮，每次浪潮都重塑了人们对人工智能的看法。60 多年来，人工智能的发展虽然有起有落，但从未停止。

如今，人工智能已经走进了人类的生活，影响着各行各业的发展，引起了广泛的关注。站在新的历史起点，人工智能正以前所未有的势头，乘风破浪，扬帆远航。

思考与实践

观察人工智能发展历程图，你能得出怎样的结论？请在图中标出重要的历史事件或相关技术。

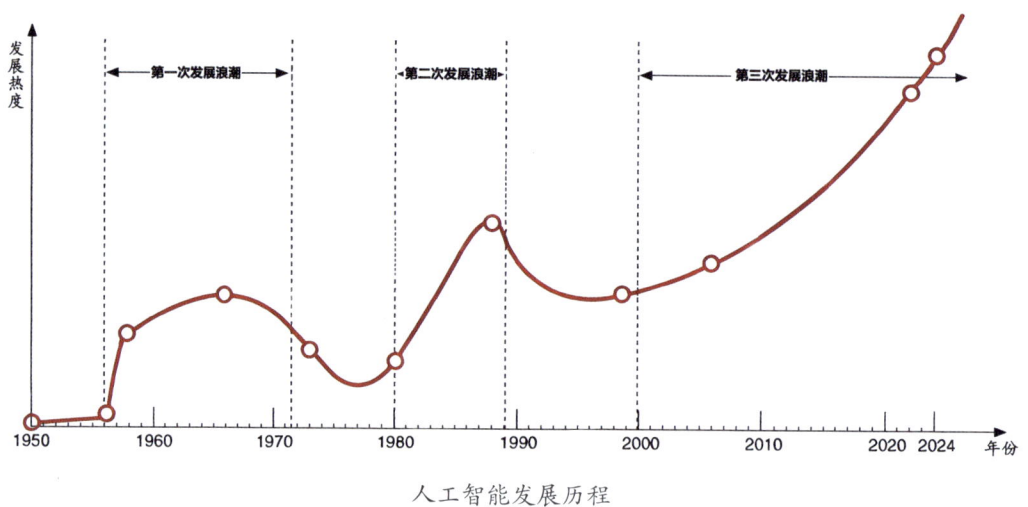

人工智能发展历程

知识拓展

GenAI和AIGC

生成式人工智能（Generative Artificial Intelligence，简称 GenAI），是人工智能领域的重要分支。它是一种通过先进的算法和海量数据驱动，模拟人类创造力的机器智能。与传统的人工智能仅对输入数据进行处理和分析不同,生成式人工智能可以学习并模拟事物的内在规律,根据用户的输入资料生成具有逻辑性和连贯性的新内容。

人工智能生成内容(Artificial Intelligence Generated Content,简称AIGC),是指利用人工智能技术自动创作文本、图像、音频或视频等内容的过程。AIGC技术逐渐渗透到数字媒体、娱乐、教育等行业,它不仅极大地放大了数据价值,还加快了社会的数字化转型进程。

讨论与交流

如果一台机器(或一个程序)通过了"图灵测试",是否可以确定这台机器(或程序)具备了人类智能?请你与同学交流、讨论此话题,并得出自己的见解。

单元小结

多年来,人工智能技术的发展一波三折,如今走进了我们的学习与生活中,为人类提供了诸多便利。

在本单元的学习中,我们初步了解了人工智能的日常应用,学习了计算机科学之父图灵先生的图灵测试,以及人工智能技术近几十年来的发展历程。这些内容,你掌握了吗?你觉得自己的学习态度是否合格呢?请对自己的表现做个评价吧。

项目	评价内容	自我评价
学习过程	认真听讲，积极发言	☺☺☺☺☺
	积极动手实践，自主探究	☺☺☺☺☺
	勤于思考，尝试解决问题	☺☺☺☺☺
学习内容	能够列举人工智能在学习、生活中应用的真实案例	☺☺☺☺☺
	了解人工智能的基本特征	☺☺☺☺☺
	掌握"图灵测试"的基本设计	☺☺☺☺☺
	了解人工智能发展的3次浪潮及典型事件	☺☺☺☺☺

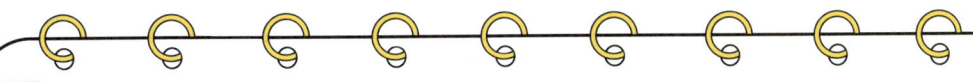

参考答案

1.1.1 P004

人工智能应用	机器表现的能力
识花应用软件能够通过花朵的照片判别出花名	看、思考、说、学习
说书应用软件能够将文章读给用户听	看、说
快递公司通过无人驾驶车为客户送货	看、思考、行动、学习
导航软件能为用户规划出最快的出行线路	听、思考、学习
通过对手机的语音助手说出人名来拨打电话	听、行动
机器"看"了很多猫的图片后就能够识别出猫	看、学习、思考、说

1.1.2 P005

应用描述	是否属于人工智能
手机拍照后可以自动美颜	√是　○否
在微信对话中，可以将语音信息转换为文字内容	√是　○否
路灯能够根据光线强弱自动开关	○是　√否
音乐播放软件能够根据用户的喜好推荐歌曲	√是　○否

1.2.1 P009

1. 艾伦·图灵，数学家、计算机科学之父，1912年6月23日出生于英国伦敦。1936年，图灵提出了"图灵机"的构想，为现代计算机奠定了理论基础。第二次世界大战期间，图灵及其团队成功破解了德国的恩尼格玛密码机，为盟军的胜利做出了巨大贡献。战后，他继续研究计算机和人工智能，并在1950年提出了著名的图灵测试。

1954年6月，图灵英年早逝。为了纪念他，美国计算机协会设立了"图灵奖"，以此表彰为计算机技术发展做出杰出贡献的科学家。

2.（略）

1.2.2 P014

人工智能的发展经历了3次浪潮，其间，由于算法受限、数据量不足等因素，有过两次寒冬期。经过科学家们的努力，人工智能目前处于快速发展的阶段，生成式大模型越来越成熟，也被越来越多地应用到人们的学习、生活和工作中。

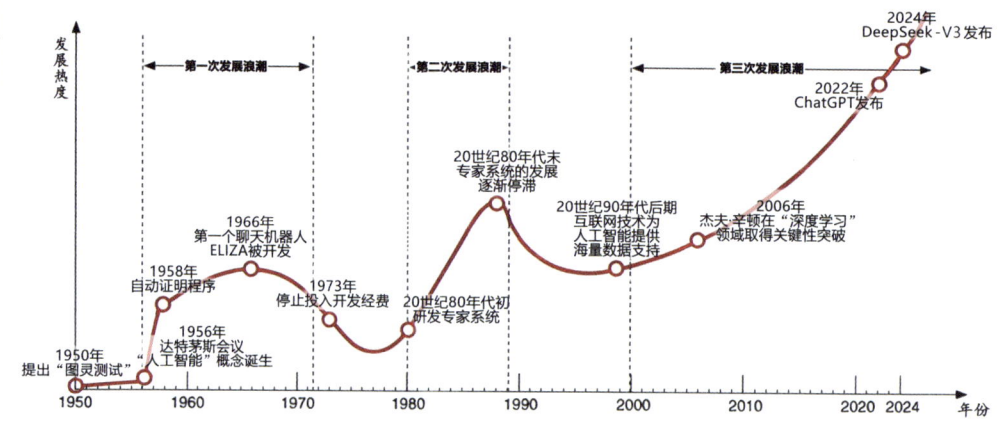

注 "思考与实践"模块的答案请参考"参考答案"模块。

第二单元

像人一样的机器——
了解机器人

提起机器人，大家一定会想到许多生动有趣的形象，比如《精灵世纪》中身手矫健的诺娅、《机器人总动员》中淘气可爱的瓦力、《超能陆战队》中呆萌善良的大白，以及《变形金刚》中威武霸气的擎天柱……这些影视作品中的机器人，都具有类似于人类的外观形象，也可以像人类一样思考和行动。

影视作品中的机器人

那么，现实世界中的机器人又是怎样的呢？它们是不是和我们人类一样，拥有清晰的五官、灵巧的四肢，以及智慧的大脑、判别是非的意识？本单元我们一起来认识机器人，了解机器人的"人生"。

📝 **学习要求**

- 了解机器人的定义。
- 理解机器人与人工智能的关系。
- 了解机器人的发展历史。
- 了解机器人的硬件组成。
- 认识图形化编程工具，让机器人按照指令完成任务。

2.1 初认识：机器人，是机器还是人

工业革命以来，人类一直致力于用机器代替人完成一些复杂、危险的工作。如今，随着人工智能的发展，机器人逐渐走进了我们的生活，帮助我们更高效、安全地完成各项任务。

2.1.1 什么是机器人

关于什么是机器人，说法有很多。在《中国大百科全书》中，"机器人"的定义是："一种既可以被人类实时控制，也可以运行预先编写的计算机指令的机器装置。"

? 思考与实践

表 2-1 中列举了几种人类可以完成的事情，其中哪些事情也可以由机器人完成？

表2-1 判断机器人是否可以完成人类能力范畴的事情

人类能力范畴	机器人是否可以完成
搬运沉重的货物	○是　○否
给汽车喷漆	○是　○否
扫地	○是　○否
太空探索	○是　○否
繁衍后代	○是　○否

> 知识拓展

Robot的由来

"Robot"是"机器人"的意思。这个词是由捷克著名的剧作家、科幻文学家和童话寓言家卡雷尔·恰佩克(Karel Čapek,1890—1938)提出的。

1920年前后,恰佩克先生创作了科幻戏剧《罗苏姆的万能机器人》(Rossum's Universal Robots, R.U.R)。这部剧公演后,人们争相观看。剧中的人造劳动者被称为"Robot",这让恰佩克先生和这部剧作史上留名。

"Robot"一词由古代斯拉夫语"robota"(意为"强制劳动")演变而来。后来,在英语中沿用了此词,将其作为机器人的专用名词。

《罗苏姆的万能机器人》的剧照

2.1.2 机器人安全三法则

许多人认为,机器人有钢铁之躯且没有感觉,所以很危险,它可能会伤害人类。那么,机器人会不会伤害人类呢?机器人有没有行为准则呢?

1942年,美国科幻小说家艾萨克·阿西莫夫(Isaac Asimov)提出的"机器人三法则",对后世机器人的行为准则产生了深远的影响。

修订后的"机器人三法则"是：

第一法则：机器人不得伤害人类，或坐视人类受到伤害而无所作为；

第二法则：机器人必须服从人类的命令，但命令与第一法则相抵触时例外；

第三法则：机器人必须保护自己的安全，但不得与第一、第二法则相抵触。

艾萨克·阿西莫夫与他的作品

艾萨克·阿西莫夫（1920—1992）是20世纪美国最具影响力的科幻小说家与科普作家之一。

阿西莫夫一生完成了近500部作品，是公认的科幻大师，与罗伯特·海因莱因（Robert A. Heinlein）和阿瑟·克拉克（Arthur C. Clarke）并称为"科幻三巨头"。"银河帝国""基地"和"机器人"三大系列是阿西莫夫非常具有影响力的作品。

艾萨克·阿西莫夫

其中，"机器人"系列包含4部长篇小说及多部短篇小说，探讨了机器人伦理、人机关系、人工智能、伦理与未来科技的发展。在科幻小说作品中，阿西莫夫提出了"机器人三法则"、人工智能的发展、机器人与人类关系的改变等诸多具有影响力的观点。

思考与实践

表2-2中列举了几种机器人的行为，请判断是否符合机器人三法则。

表2-2　判断列举的机器人行为是否符合机器人三法则

机器人行为	是否符合机器人三法则
机器人把一个人打伤	○是　　○否
机器人帮助受伤的人类呼叫救护车	○是　　○否
机器人根据主人的命令对另一个人造成了伤害	○是　　○否
机器人在打扫卫生时绕过了危险的地方	○是　　○否
机器人在消灭人类和消灭自己中选择了消灭自己	○是　　○否

2.1.3　机器人与人工智能的关系

机器人与人工智能是两个不同的概念，但它们之间存在密切的关系，两者相互依存、相互促进。可以说，人工智能为机器人提供了"大脑"，使其能够进行推理、学习和决策，而机器人则是人工智能技术在现实世界中的具体应用和载体。

人工智能技术的加入，使机器人能够完成更复杂、精细的任务。例如，机器人可以使用机器视觉技术识别物体，可以使用自然语言处理技术理解人类指令，也可以通过深度学习算法学习如何更有效地完成特定任务。由此，随着人工智能技术的不断进步，机器人逐渐变得更加智能、灵活和自主，其应用范围大大扩展，从工业制造逐渐延伸至医疗、服务、娱乐、教育等多个领域。

同时，机器人的发展为人工智能技术的应用提供了广阔的平台。通过机器人这一物理实体，人工智能技术得以在现实世界中发挥更大的作用。

人工智能与机器人的结合必将促进技术的交叉融合和创新发展，为未来的科技进步奠定坚实的基础。

综上所述，机器人与人工智能是共存互促的关系。它们共同推动了技术的创新和发展，为人类社会带来了更多的便利和可能性。

思考与实践

表2-3中列举了几种人类的行为，请判断机器人能否完成。

表2-3 判断机器人能否完成列举的人类行为

人类行为	机器人能否完成
组装汽车	○能 ○否
喷洒农药	○能 ○否
监视街道上是否有违法行为	○能 ○否
与他人对话	○能 ○否
和他人下象棋	○能 ○否
背诵古诗	○能 ○否

讨论与交流

畅想一下：你希望机器人帮你做什么事情？将你的设想以短文或者多媒体作品的形式呈现，并与同学交流。

2.2 跨越千年：古今中外的机器人

机器人，作为人类智慧的结晶和技术进步的象征，其历史跨越千年，地域遍及中外。

历史中的机器人长什么样？它们各自有什么功能？带着这样的问题，我们一起来了解古今中外的机器人。

2.2.1 古代机器人雏形

古代文明如同璀璨星辰，在历史的长河中熠熠生辉，照亮了人类前行的道路。这些文明以石破天惊的创造力，构筑起宏伟壮丽的建筑与不朽的艺术作品，让人叹为观止，其中也包括机器人的雏形。这些古代机器人雏形有的模拟了动物的形态特征，有的拥有了人类的肢体特点，有的甚至已经具备了自动化的行为特性。

让我们一起回到古代，认识一些典型的古代机器人。

1. 最早的机器人记载

关于机器人最早的记录出现在中国。

我国有部寓言故事集——《列子》。在《列子·汤问》中记载：西周时期，周穆王在昆仑山区偶遇一名叫偃师的匠人。偃师献给周穆王一个自制的舞者。这个人形机器跳起舞来几乎能以假乱真，好像真人一样，以至于周穆王怀疑偃师请的是真人，于是勃然大怒，要处决偃师。偃师赶紧当场把舞者拆开，展示给周穆王看。大家发现，这个舞者竟由皮草、木头刷上颜料制成，虽都是假的，却五脏俱全。如果去掉某个器官，舞者则会失去相应的功能。

知识拓展

《列子》与列御寇

《列子》又名《冲虚真经》，是中国道家重要典籍，相传由列御寇编写。书里的每一篇均由多个小文组成，记载了民间故事、神话传说、寓言等，其中有我们比较熟悉的《愚公移山》《杞人忧天》等。

列御寇是战国时期郑国（今河南郑州）人，道家学派代表人物，著名的思想家、哲学家和文学家。古时候，由于人们习惯在有

列子像

学问或德高望重的人姓氏后面加一个"子"字以示尊敬，所以列御寇被尊称为"列子"。

2. 中国古代的机器人

中国历史悠久、幅员辽阔，曾经创造过灿烂的古代文明。自古以来，有多位杰出的科学家、发明家制造出了很多机器人，如指南车、木鸢、木牛流马、记里鼓车等。这些古代机器人拥有类似人类或其他动物的形态，有的已经具备了自动化、可编程的特性。它们的存在，体现了中国古代人民非凡的智慧和创造力，为人类文明的进步做出了巨大贡献。

指南车是我国古代用来指示方向的车，车上装有一个木头人，无论车子转向哪个方向，木头人的手总是指向初始方向（也有说固定指向南方）。指南车并不是依靠磁性的原理，而是通过齿轮传动实现指示固定方向的功能。

指南车复原模型

三国时期的马钧,是史书明确记载的第一位成功复原指南车的机械专家。现在,许多博物馆中均陈列了指南车的复原模型。

指南车是我国古代的一项伟大发明,它不仅具有指示方向的功能,而且展现出我国古代人民在机械设计和制造方面的卓越智慧。

指南车的传说

在《通鉴外纪》和《古今注》中记载了最早的指南车传说。

传说中,蚩尤与黄帝两个部落交战。战争中,蚩尤施展法术降下大雾,雾时,天地间白茫茫一片,使人不辨东西南北。蚩尤部落借着大雾打败了晕头转向的黄帝部落。

黄帝不甘失败,研究了多个昼夜,终于制造出指南车。指南车上有一个小木人,不论车子如何前进、后退、转弯,小木人的手始终指向南方,即使在大雾中也能指示方向。如此，黄帝部落的战士不再惧怕大雾，他们个个勇敢作战，终于打败了蚩尤部落。

3. 国外的机器人雏形

在古代，其他国家的人们也制造了不少机器人雏形，如古希腊的汽转球、发明于 18 世纪法国的机器鸭、日本江户时代（1603—1868）的机器偶人和 18 世纪诞生于瑞士的书写者机器人等，这些机器人的设计充满奇思妙想与创造力，其精巧程度令人叹为观止。

日本江户时代发明的"射箭童子"，是当时日本自动机器偶人的最高杰作。它利用发条装置，靠线绳牵引数片转轮以驱动"房顶"的偶人做出从取箭、拉弓到射箭的一系列复杂动作。有人称"射箭童子"为日本机器人的鼻祖。

修复的"射箭童子"

1774年，瑞士钟表匠皮埃尔·雅凯－德罗兹（Pierre Jaquet-Droz）和他的两个儿子共同制作了3个精巧的机器人：书写者、绘图员和音乐家。这些机器人均利用齿轮和发条原理制成。书写者能够用花式字体写出指定句子；绘图员可以描画出4种不同的图画；音乐家则能在古钢琴上演奏时长45秒左右的曲子，它的胸口还会模拟呼吸起伏，视线随着手指而转移，每次演奏结束都会鞠躬致谢。这些机器人结构巧妙、服装华丽，在欧洲曾经风靡一时。

"书写者"的前面　　　　　　　　　　"书写者"的后面

这些机器人雏形不仅展示了人类对机器人技术的不断探索和创新精神，还为现代机器人的产生和发展奠定了基础。

 思考与实践

表2-4中列举了几种机器人，请判断是否属于古代机器人。

表2-4　判断列举的机器人是否属于古代机器人

机器人名称	是否属于古代机器人
指南车	○是　○否
记里鼓车	○是　○否
机器鸭	○是　○否
射箭童子	○是　○否
音乐家	○是　○否
尤尼梅特	○是　○否

2.2.2　现代机器人演进

现代机器人的研究始于1950年前后。这一时期，人类正致力于原子能等的开发与利用研究，但在实验的过程中，许多类似于处理放射性物质的操作对人体伤害巨大。为了应对这一挑战，人们开始思考，能否用某种机器来代替人类在有毒、有害、高温或其他危险环境中工作。与此同时，计算机、自动化等技术飞速发展，也为现代机器人的产生提供了坚实的技术支撑。

1. 现代机器人的起源

1959年，世界上第一台工业机器人——"尤尼梅特"（UNIMATE）问世，被认为是现代机器人的起点。尤尼梅特由美国机器人专家约瑟夫·恩格尔伯格（Joseph Engelberger）和美国发明家乔治·德沃尔（George Devol）共同研发。恩格尔伯格也因此被人们誉为"工业机器人之父"。

尤尼梅特

"尤尼梅特"的意思是"万能自动",其功能与人的手臂功能相似,至今仍在使用。它的外形有几分像坦克的炮塔,在厚实的底座上有一个长长的机械臂;机械臂分为大臂和小臂两个部分,大臂可以绕着底座转动,小臂则可以相对于大臂进行伸缩;小臂顶端有一个类似手腕的关节,可绕小臂转动,这个关节连接着操作手,用于完成各种操作。

由于"尤尼梅特"的出现,工业机器人率先在人类社会得到广泛应用。

2. 现代机器人的发展

现代机器人的发展大致经历了3个阶段:第一代为示教再现型机器人;第二代是感觉型机器人;第三代是智能型机器人。

第一代示教再现型机器人,像是听话的小徒弟,需要先教会它做事情,它才会重复做。比如工厂里的机械手臂,工程师用遥控器或者人手示范相关的工作流程,教会机器做伸"胳膊"、抓零件、转圈、放好零件等各种动作。机器人将这些动作"录"进"大脑",然后就能一模一样地重复操作,而且不会出现错误,也不知疲倦。不过,示教再现型机器人也有缺点,它对外界信息没有反应能力,无法适应变化的环境。前文介绍的"尤尼梅特"就是典型的示教再现型机器人。

示教再现型机器人

第二代感觉型机器人，像是有了感官的朋友。它们有"眼睛"，能辨别水果的种类；它们有"皮肤"，抓鸡蛋时会轻轻用力；它们有"耳朵"，能"听"懂"唱一首儿歌"的指令……感觉型机器人的产生，得益于各种传感器技术的飞速发展，比如声音传感器、视觉传感器、红外线传感器、超声波传感器、碰撞传感器等。这类机器人能"感知"周围的环境，调整自己的动作。例如，1989年美国研制的能为老人和病人服务的救生机器人 uBOT-5，它具有一定的识别和判断能力。

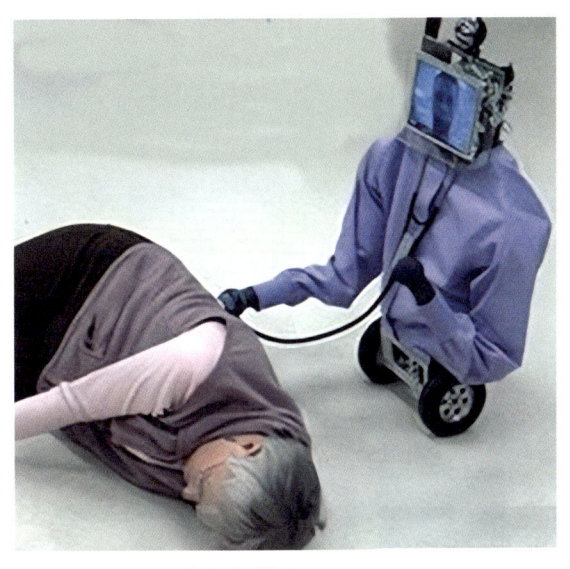

救生机器人uBOT-5

第三代智能型机器人，像是会思考的老师。它们不仅能"感觉"，还会"思考"。比如扫地机器人，会记住家中房间的布局，遇到桌子腿会绕路，避开地上的障碍物；陪伴机器人能"读"懂你的情绪，如果你说"我不开心"，它会给你唱儿歌、讲笑话……这类机器人的"脑子"很聪明，遇到新问题能自己想办法解决，还会逐步优化解决问题的方案，让自己变得越来越聪明。

从重复做到感知做，再到思考做，机器人的进化仿佛人类学习的过程，越来越智能化。

如今，智能机器人的应用范围已经大大扩展，涉及生产、生活的诸多领域。

3.现代机器人的分类

现代机器人的应用非常广泛,分类方法众多。

按机器人的用途进行分类,可以分为农业、工业、服务及教育等机器人;按机器人的工作环境进行分类,一般分为水下、陆地、空中等机器人;按机器人的行走机构进行分类,则有滚轮式、履带式和步行式等机器人。

农业机器人　　　　　　　工业机器人

服务机器人　　　　　　　教育机器人

按用途分类的机器人

水下机器人　　　陆地机器人　　　空中机器人

按工作环境分类的机器人

第二单元 像人一样的机器——了解机器人

滚轮式机器人

履带式机器人

步行式机器人

按行走机构分类的机器人

思考与实践

表 2-5 中列举了几个机器人，请判断是否属于现代机器人。

表2-5 判断列举的机器人是否属于现代机器人

机器人名称	是否属于现代机器人	
工业机器人	○是	○否
服务机器人	○是	○否
水下机器人	○是	○否
空中机器人	○是	○否
履带式机器人	○是	○否
指南车	○是	○否
射箭童子	○是	○否

讨论与交流

请在互联网上查询资料，了解还有哪些古代机器人或者现代机器人，以短文或多媒体作品的形式呈现，并与同学分享。

2.3 结构探秘：机器人的硬件组成

机器人得名"人"，其本质在于它像人类一样具有"身体"和"思想"。

机器人的身体由各种零件组成，这些零件被称为机器人的硬件。各种机器人的外形不同，硬件千差万别，但基本结构是相似的。

机器人的硬件主要分为两大部分——机械部件和电子部件。机械部件相当于机器人的骨骼、肌肉，它们构成了机器人的钢筋铁骨；电子部件则构成了机器人的功能系统。

2.3.1 机器人的机械部件

机器人的机械部件由多个零件组成，它们共同协作，组成了机器人的身体，使机器人能够执行各种复杂任务。机械部件主要包括机身、连接件和其他辅助零件等。

机身：机器人的主体部分，通常由高强度钢材或其他坚固材料制成，用于支撑其他部件，并提供内部空间，以容纳各种传感器、控制器和其他设备。机身坚固耐用，能够承受机器人在运动和工作时产生的各种冲击力和振动。

连接件： 用于将机器人的各个部件连接起来，确保它们能够牢固地组合在一起，共同工作。连接件通常采用高强度材料制成，通过精密加工和严格装配，确保机器人的稳定性和可靠性。

其他辅助零件： 包括传感器支架、电缆管理装置、防护罩等，用于支持机器人的正常运行和保护机器人。辅助零件通常是根据机器人的结构来定制的，其设计要考虑易于维护和更换的需求，以提高机器人的可用性和可靠性。

在教学中，经常会用到简易教育机器人，它集合了丰富的孔板和机械销等部件，这些部件可以组成形态各异的机器人。

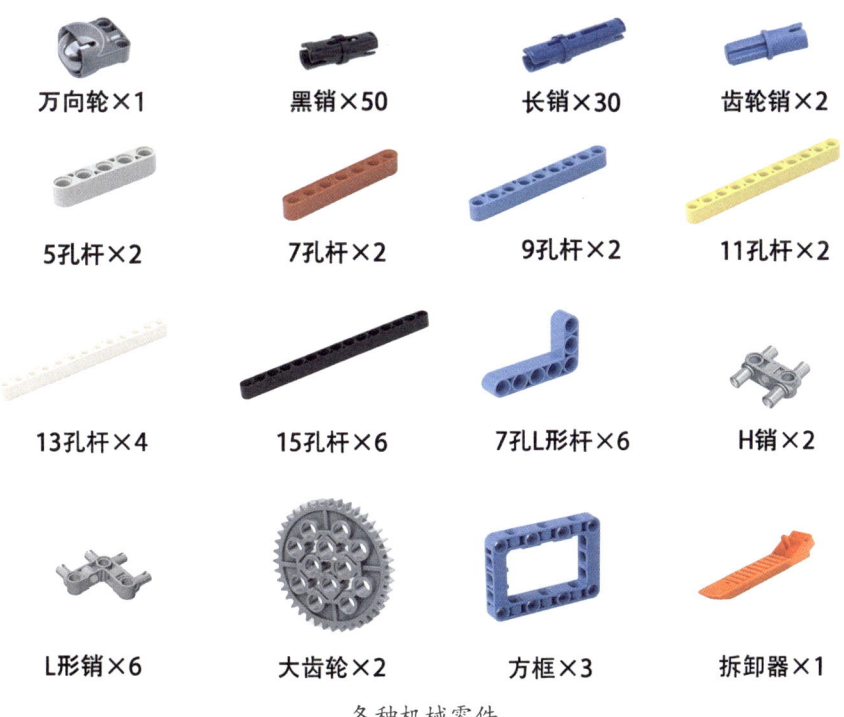

各种机械零件

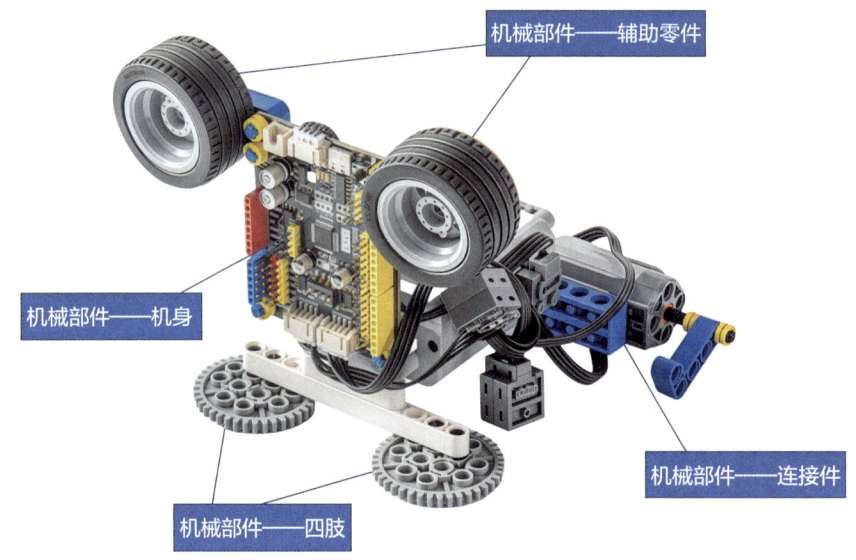

零件组成的机械部件

思考与实践

表 2-6 中列举了几种部件的名称,请判断是否属于机器人的机械部件。

表2-6 判断列举的部件是否属于机器人的机械部件

部件名称	是否属于机械部件	
机身	○是	○否
连接件	○是	○否
单片机	○是	○否
其他辅助零件	○是	○否
传感器	○是	○否

2.3.2 机器人的电子部件

机器人的电子部件如同人体的器官,各司其职构成机器人的功能系统。例如,单片机类似于机器人的大脑,动力源相当于机器人的心脏,传感器相当于机器人的感觉器官，电动机则驱动机器人实现关节活动。

1. 聪明的大脑——单片机

人类的行为主要由大脑支配，而机器人的行为主要由单片机控制。因此，我们通常将单片机称为机器人的"大脑"。

单片机是一种集成电路芯片，它的神奇之处在于可以把计算机的主要硬件，如中央处理器、存储器和输入/输出端口等集成在一片小小的芯片上，构成一个微型计算机系统。

单片机一般包含多个控制部件。例如，重新启动按钮用于设备的重新启动；USB接口连接通用计算机，用于下载程序或供电；直流电源接口连接电池盒，用于为设备供电；板载指示灯用于显示单片机的状态；输入/输出端口可以连接各种传感器等外部设备；微控制器（包含处理器和存储器）是单片机的核心部件。

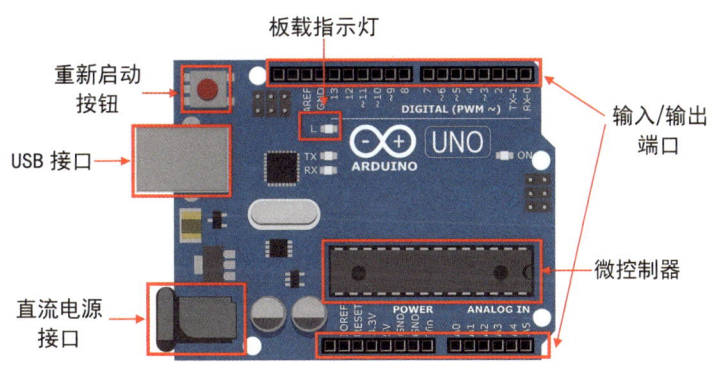

单片机

通用计算机与嵌入式计算机

随着计算机技术的发展，计算机系统逐渐形成了两大分支——通用计算机系统与嵌入式计算机系统。

我们日常使用的台式计算机、笔记本电脑等属于通用计算机系统。通用计算机系统能够实现高速、海量的数值计算和信息处理等。

嵌入式计算机是一种嵌入受控器件内部、为特定应用而设计的专用计算机系统。它的主要功能是实现各种设备的智能化控制，如空调、全自动洗衣机和智能冰箱等。单片机是嵌入式计算机的核心。

2. 机器人的心脏——动力源

人类的心脏通过血液循环为身体各部位输送养分。机器人的动力源把能量输送到各个电子部件，为机器人提供工作所需的能量，因此，动力源可视为机器人的"心脏"。目前，机器人主要采用电能作为动力源。

由于机器人家族成员众多，高、矮、胖、瘦形态各异，所以对电源的要求也各不相同。例如，大型工业机器人需要采用工业交流电供电，而小型教育机器人使用直流电源即可。

电池和电池盒

在使用电池时，要注意以下问题。

（1）尽量不要混用不同品牌的电池，也不要混用新旧电池，这样很容易损坏电池。

（2）为了环保，要把使用过的废旧电池放到电池专用回收箱内。

（3）不使用机器人时，最好将电池盒中的电池取出，这样可以避免内部自发反应引起的电池容量损耗。

3. 机器人的感觉器官——传感器

人类有视觉、听觉、触觉等,让我们能看到、听见、感受到美丽的大千世界。与人类相似,机器人也有各种"感觉器官",即传感器。

传感器,顾名思义,就是感知并转换信号的器件。机器人的传感器用于检测外部环境的变化,并传递给单片机等控制系统。传感器的种类非常丰富,广泛应用于各种设备,它们能够感知光线、声音、压力、温度等物理量的变化,并将这些非电信号转换为电信号传输给控制系统,让机器人具备类似视觉、听觉、触觉等感知功能,使机器人"活"起来。

常用传感器中,温湿度传感器可检测环境的温度和湿度,光敏传感器能够检测环境的光照强度,超声波传感器则可以检测障碍物的距离等。

温湿度传感器　　　　　　　　　　光敏传感器

超声波传感器

4.机器人的运动驱动——电动机

电动机俗称马达,是一种驱使机器人运动的装置(驱动装置),机器人的主要运动功能均由电动机来实现。例如,电动机带动轮子、履带构成机器人的行走机构,带动连杆机构构成机器人的手臂运动等。

电动机

电动机种类繁多,广泛应用于起重机、电风扇等机电设备中。

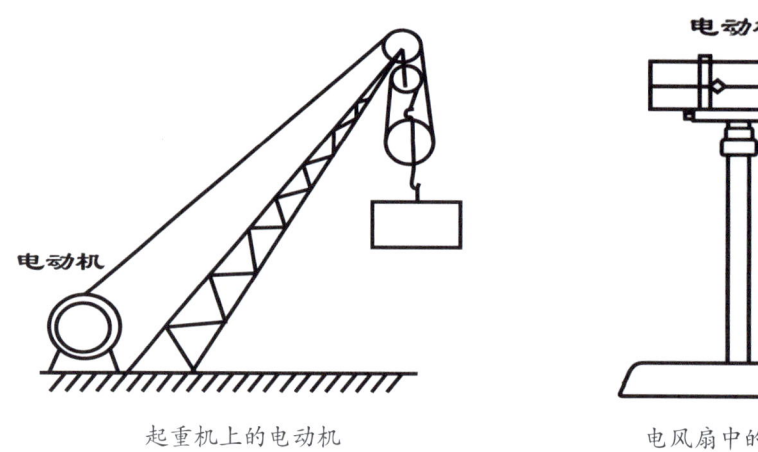

起重机上的电动机　　　　　　电风扇中的电动机

知识拓展

机器人的自由度

机器人的自由度是指机器人在空间中可以独立运动的维度数,是机器人的重要技术参数。它决定了机器人的灵活性,自由度越高,机器人越灵活。一般情况下,机器人的自由度与舵机(也称伺服电机)的数量相关。

例如，从舵机分布的情况可以了解到，17自由度智能机器人比4自由度码垛机器人的空间移动能力更为强大，而且可以处理更复杂的任务。

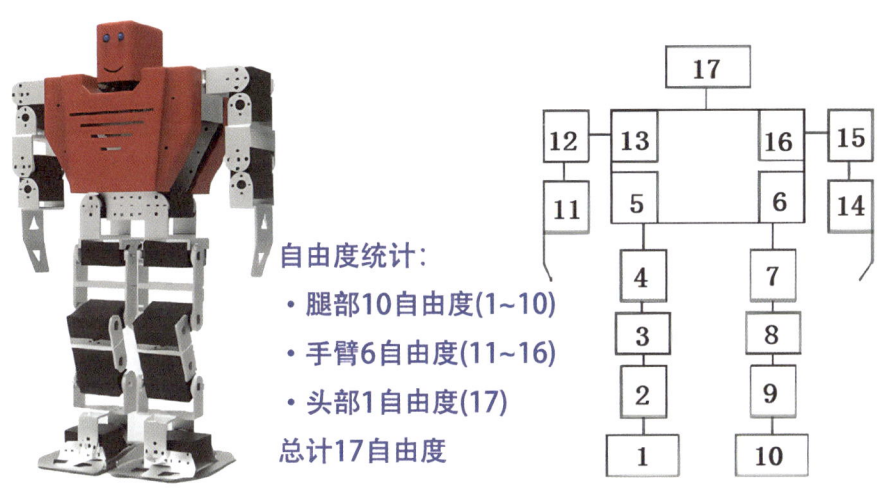

自由度统计：
- 腿部10自由度(1~10)
- 手臂6自由度(11~16)
- 头部1自由度(17)

总计17自由度

17自由度智能机器人

4自由度码垛机器人

思考与实践

表2-7中列举了几种部件的名称，请判断是否属于机器人的电子部件。

表2-7 判断列举的部件是否属于机器人的电子部件

部件名称	是否属于电子部件
单片机	○是　○否
机身	○是　○否
电动机	○是　○否
动力源	○是　○否
连接件	○是　○否
传感器	○是　○否

讨论与交流

请在互联网上查询资料，了解我们已知的机器人部件可以做的具体事情有哪些。除了书中介绍的内容，还有哪些其他的机器人部件？

将查询到的资料整理后与老师、同学分享。

2.4 智慧之源：机器人的思维

机器人是有"思维"的机器，其行为由程序算法控制。

程序是对机器人任务（或者计算）过程的描述，由许多命令按一定顺序组成。程序设计是机器人实现智能化的核心基础。通过科学的程序设计，可以为机器人赋予各种复杂的功能，包括感知环境、理解指令、做出决策、执行任务等。

用什么工具进行程序设计呢？我们可以选用图形化编程工具为机器人编写程序。

小智要编写一个程序，用于控制板载 LED 灯进行闪烁显示。他通过以下 5 个步骤完成了这个任务。

2.4.1 连接机器人和计算机

小智先通过 USB 数据线将机器人的单片机和个人计算机连接起来。通常，USB 数据线由单片机生产厂家提供，不需要单独购买。

USB数据线与单片机

单片机与个人计算机连接

上位机和下位机

机器人的单片机已具备专用计算机的特征,为什么还要使用通用计算机编程呢?

这是因为单片机功能较弱,它虽然能够控制各种传感器、电动机等部件,但通常不具有直接编程的能力。这时就需要功能更为强大的通用计算机来辅助编程。由此,构成了上位机和下位机的工作模式。

上位机通常是指控制系统中的主要计算机或控制设备,可能是个人计算机、工作站或专业的工业计算机,会有用户界面用于显示数据和接收用户的输入。用户界面可能是图形界面,也可能是命令行界面。

下位机通常是指嵌入式设备(如单片机),集成了传感器、电动机等部件。它们与上位机进行通信,接收控制指令并执行相应的操作。

2.4.2 导入单片机模块

小智启动了图形化编程工具。

01 打开软件,选择窗口右上角的"上传模式"。

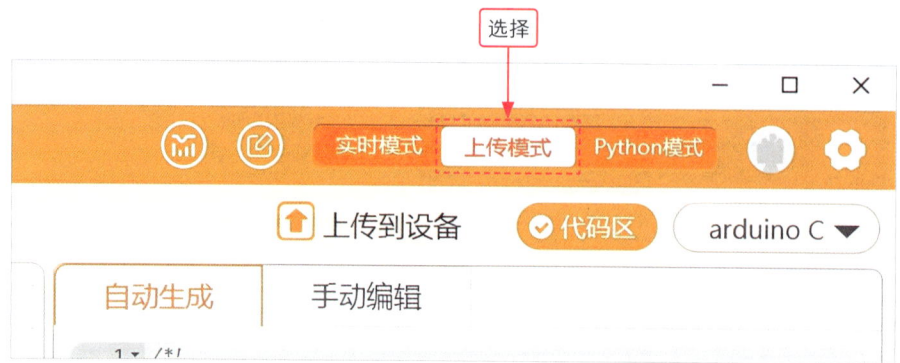

02 单击窗口左下角的"扩展"按钮。

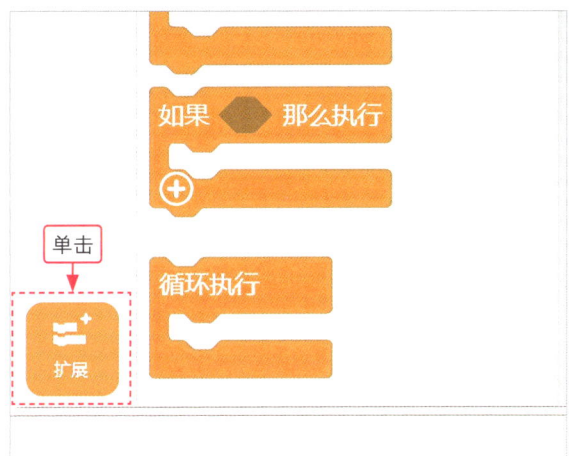

03 在打开的"选择主控板"的"主控板"界面中，小智选择了与自己所用机器人相匹配的单片机——"Arduino Uno"，然后单击窗口左上角的"返回"按钮。

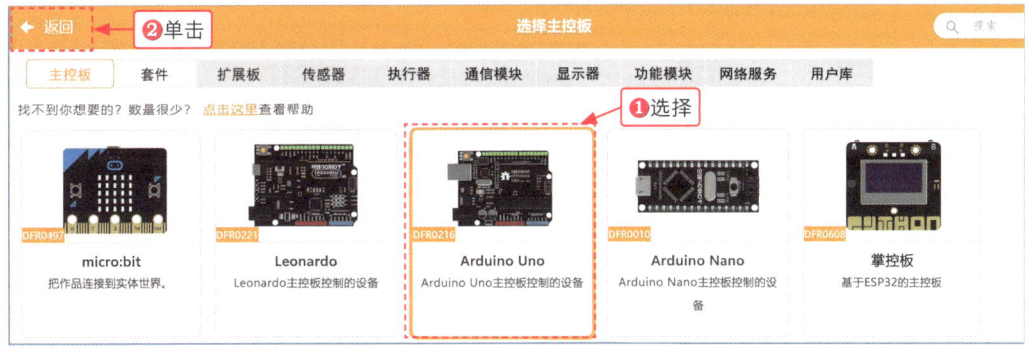

2.4.3 编写并保存程序

此时，主窗口中多了一个"Arduino"积木组，小智要运用其中的设置对 Arduino 单片机进行编程。

小智拖曳积木块，编写了一个小程序，并将其保存。

编写程序时，小智将 13 号数字引脚的输出设置为"高电平"，与其连接的板载 LED 灯会被点亮。经过 2 秒的延时（即保持 2 秒灯亮的状态），将 13 号数字引脚的输出改为"低电平"，灯就会熄灭，之后保持 2 秒灯熄灭的状态。如此灯亮、灯灭的情况被反复执行，就可以实现板载 LED 灯闪烁显示。

数字输出是 Arduino 主控板对传感器或电动机等的控制方式之一，它向输出的电路传送数字信号 0 或 1。0 表示输出低电平，此时电路不会接通；1 表示输出高电平，电路接通。

2.4.4 设置通信端口

为了保证将个人计算机上编写的程序上传到单片机中，小智需要设置二者之间的通信端口。通常，单片机与个人计算机连接之后，会自动检测到通信端口。

单击菜单栏中的"连接设备"，在下拉列表中选择对应的连接设备，如 COM4-CH340（端口名称可能会因机器人的不同而不同）。

2.4.5 上传程序到单片机

小智单击界面中的"上传到设备"，此时出现了一个"上传进度"对话框。当上传进度为 100% 时，即表示程序上传至单片机的任务完成了。

终于，小智完成了编程操作。

他拔掉了机器人身上的 USB 数据线，接通机器人的电源。这时，板载LED灯亮2秒后熄灭，过2秒后重新亮起来，再过2秒后重新熄灭……如此重复闪烁显示。

由此，机器人可以按照编程的指令行事。

思考与实践

下面列举了机器人的编程步骤，请连一连各个步骤的顺序。

导入单片机模块	第一步
编写并保存程序	第二步
设置通信端口	第三步
上传程序到单片机	第四步
连接机器人和计算机	第五步

讨论与交流

尝试上机实践编程操作。除了让板载LED灯进行闪烁显示，你和你的同学还通过编程让机器人完成了哪些其他的操作？

请将你的编程心得与老师、同学分享。

单元小结

机器人是人工智能的载体之一，在工业、服务、科研等领域具有广泛应用。机器人技术的研发对人工智能的发展起到显著的推动作用。机器人的研制通常包含"身体"搭建和人工智能编程等部分。机器人的"身体"通常包含机械部件和电子部件等。而程序设计是实现机器人智能化的核心基础。

第二单元 像人一样的机器——了解机器人

在本单元的学习中，我们初步理解了机器人与人工智能的关系，知晓了古代机器人的雏形，以及现代机器人的发展。同时了解了机器人硬件的基本组成，以及通过编写程序，实现了让机器人按照指令完成任务。这些内容，你掌握了吗？你觉得自己的学习态度是否合格呢？请对自己的表现做个评价吧。

项目	评价内容	自我评价
学习过程	认真听讲，积极发言	☺☺☺☺☺
	积极动手实践，自主探究	☺☺☺☺☺
	勤于思考，尝试解决问题	☺☺☺☺☺
学习内容	了解机器人的定义	☺☺☺☺☺
	理解机器人与人工智能的关系	☺☺☺☺☺
	知道古今中外著名的机器人	☺☺☺☺☺
	掌握机器人的硬件组成	☺☺☺☺☺
	会编写简单的小程序来"指挥"机器人的行为	☺☺☺☺☺

参考答案

2.1.1 P021

人类能力范畴	机器人是否可以完成
搬运沉重的货物	✓是 ○否
给汽车喷漆	✓是 ○否
扫地	✓是 ○否
太空探索	✓是 ○否
繁衍后代	○是 ✓否

2.1.2 P024

机器人行为	是否符合机器人三法则
机器人把一个人打伤	○是 ✓否
机器人帮助受伤的人类呼叫救护车	✓是 ○否
机器人根据主人的命令对另一个人造成了伤害	○是 ✓否
机器人在打扫卫生时绕过了危险的地方	✓是 ○否
机器人在消灭人类和消灭自己中选择了消灭自己	✓是 ○否

2.1.3 P025

人类行为	机器人能否完成
组装汽车	✓能 ○否
喷洒农药	✓能 ○否
监视街道上是否有违法行为	✓能 ○否
与他人对话	✓能 ○否
和他人下象棋	✓能 ○否
背诵古诗	✓能 ○否

2.2.1　P030

机器人名称	是否属于古代机器人
指南车	√是　○否
记里鼓车	√是　○否
机器鸭	√是　○否
射箭童子	√是　○否
音乐家	√是　○否
尤尼梅特	○是　√否

2.2.2　P035

机器人名称	是否属于现代机器人
工业机器人	√是　○否
服务机器人	√是　○否
水下机器人	√是　○否
空中机器人	√是　○否
履带式机器人	√是　○否
指南车	○是　√否
射箭童子	○是　√否

2.3.1　P038

部件名称	是否属于机械部件
机身	√是　○否
连接件	√是　○否
单片机	○是　√否
其他辅助零件	√是　○否
传感器	○是　√否

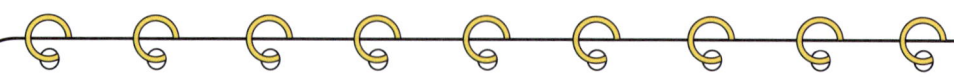

2.3.2 P044

部件名称	是否属于电子部件
单片机	√是 ○否
机身	○是 √否
电动机	√是 ○否
动力源	√是 ○否
连接件	○是 √否
传感器	√是 ○否

2.4.5 P050

- 导入单片机模块 —— 第三步
- 编写并保存程序 —— 第四步
- 设置通信端口 —— 第二步
- 上传程序到单片机 —— 第五步
- 连接机器人和计算机 —— 第一步

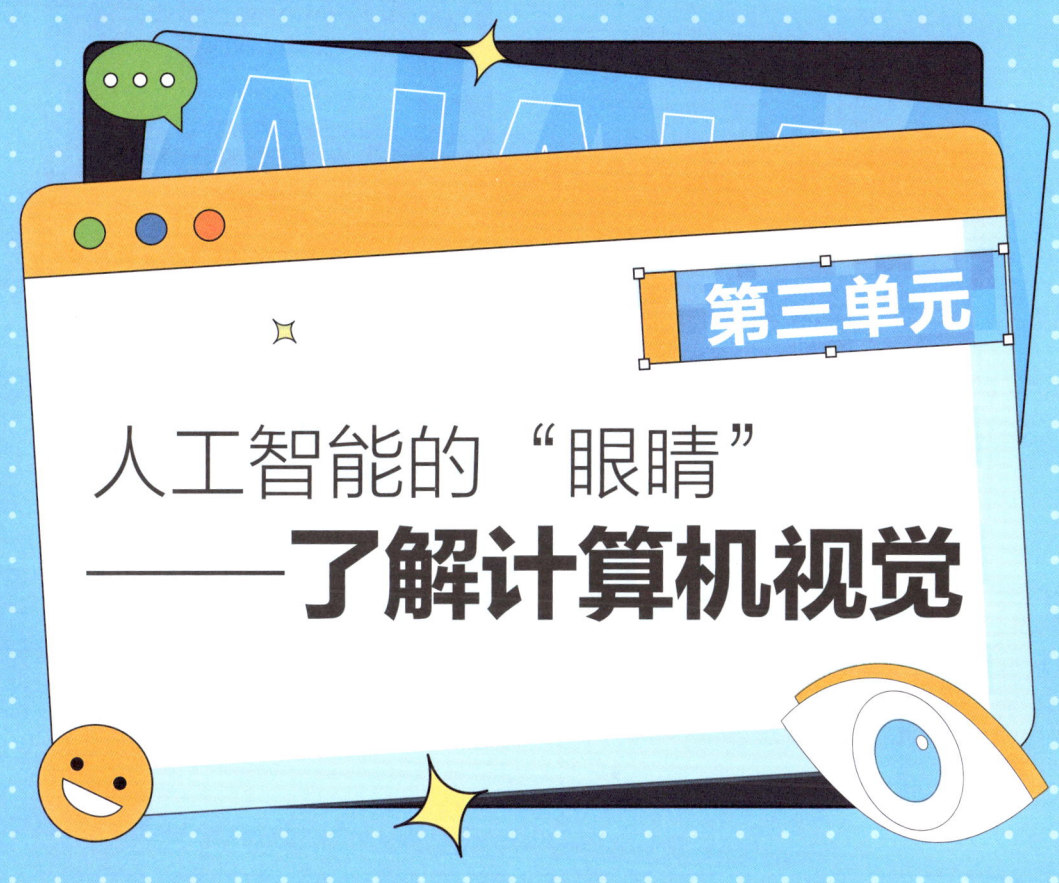

第三单元

人工智能的"眼睛"
——了解计算机视觉

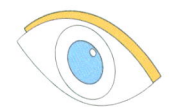

2019年5月,全国首例城市级商用机器人"快递小哥"在厦门的街头送货。随后,越来越多的送货机器人在其他城市被投入使用。送货机器人可以根据送货地址自主导航,将货物送至目的地。路途中,它能够自动避开往来的车辆、行人和其他障碍物,能够准确地识别交通信号灯,甚至能够通过人脸识别,验证收货人的身份。

送货机器人

一个没有生命的人造机器,是如何"看"懂身边的环境,并顺利完成任务的呢?它"看"到的世界和我们人类看到的世界是一样的吗?人工智能工具是否可以依据人的想法,创作出我们想看到的画面或场景?

学习要求

- 了解与计算机视觉相关的像素、分辨率、数据编码等基础知识。
- 理解计算机视觉形成过程的基本步骤。
- 通过AI大模型等基础应用,初步了解使用AI大模型生成及优化视觉作品的应用技巧。

3.1 初认识：计算机存储图像的"密码"

计算机能够看文、识图，具有分辨周围环境的能力，是因为计算机通过计算机视觉技术模拟人类视觉功能。计算机视觉相当于人工智能的"眼睛"，是智能体认识世界、感知变化的窗口，让智能体能够真正"看"懂外部世界。

静态的画面是一幅图像，而动态的视频是由很多幅连续的图像构成的。人眼看到的图像，色彩丰富、精彩纷呈，计算机"看"到的图像又是怎样的呢？

3.1.1 像素与分辨率

观察下图，你看到了什么？图中是 4 个用简单点、线组成的可爱表情。这些可爱表情图在计算机中是如何表示和存储的呢？

在图片浏览软件中将图片放大，可以发现图片是由排列规则的小方格构成的。每个小方格是一个像素，每幅图由若干个像素组成，像素的单位是 px。

观察下图。

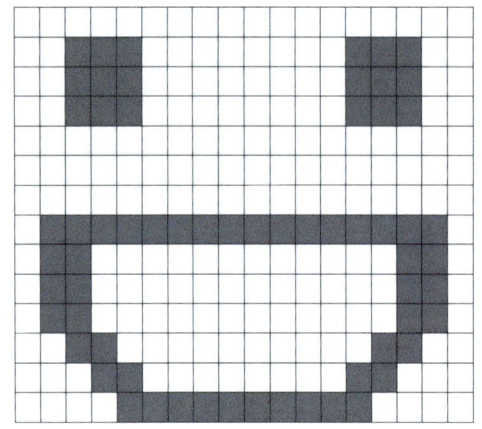

如果一个小方格表示一个像素，这幅图像横向、纵向分别有多少个像素？

横向有＿＿＿＿＿个像素；纵向有＿＿＿＿＿个像素。

通常，我们用图像分辨率和图像尺寸来衡量图像中存储的像素信息量。图像分辨率是指单位长度内包含的像素数，PPI 表示每英寸图像内包含的像素数，PPC 表示每厘米图像内包含的像素数。图像尺寸则表示图像中包含的像素数，一般用横向和纵向像素的乘积表示。例如，一个图像横向由 400 个像素组成，纵向由 300 个像素组成，该图像的尺寸即 400×300px。

画面内容基本相同，但分辨率差距较大的两幅图，在计算机中显示出来的细节效果会出现明显的差异。分辨率越高，图像越清晰，同时在计算机中进行存储时所占用的空间也越大。

位图与矢量图

计算机存储的图像有位图和矢量图两种基本类型。

位图是由像素组成的图像，像素以横向（行）和纵向（列）的方式排列，共同组成图像画面。位图可以表现出非常丰富的色彩细节。将位图放大时，图像会出现锯齿或模糊的情况。

矢量图是用数学方法定义图形的形状、颜色而构成的。矢量图与分辨率无关，在被无限放大或缩小时，图像不会失真，始终保持清晰。但是，矢量图难以表现层次丰富的色彩，因此一般用于商标、图标等简单图形的设计。

位图　　　　　　　　　　　矢量图

思考与实践

观察下面两幅图，你认为哪幅图像的分辨率更大？（〇左图　〇右图）

3.1.2　用数字表示颜色

与人眼的"所见即所得"不同，计算机"看"到的画面都是由数字编码构成的。

在计算机中存储信息，采用的是二进制数。将文字、图像、视频等存入计算机时，都需要经过信息的数字化处理。

一幅分辨率为4×6的黑白图像，每一个像素由黑色或白色表示。如果用数字"1"表示白色，数字"0"表示黑色，则此图第一行像素的信息可以用数字（1，1，0，1）表示。以此类推，第2～6行像素的信息也可以用数字"0"或"1"表示。

1	1	0	1
1	0	0	1
0	1	0	1
0	1	0	1
0	0	0	0
1	1	0	1

思考与实践

请你在下面左侧分辨率为16×16的像素表格中绘制一幅黑白图像，然后用二进制数对图像进行数字化编码，并填写在下面右侧的表格中。

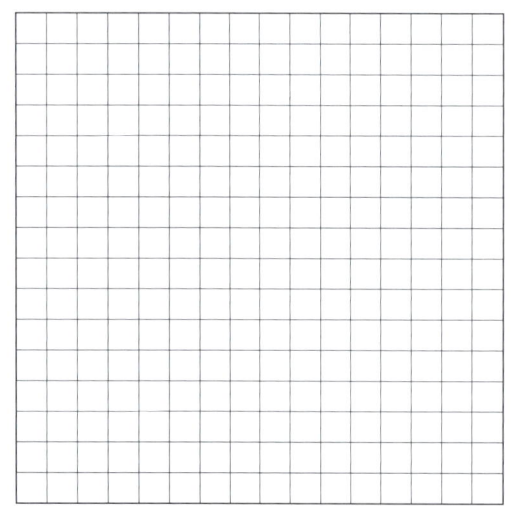
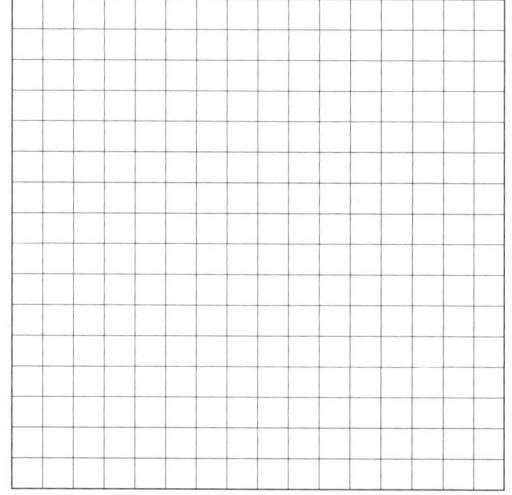

"0"和"1"不仅可以表示黑白图像,还可以表示更多样的色彩。

灰度图像与黑白图像类似,在计算机中也是以二进制数进行存储。每个像素的数值是一个多位的二进制数。为了便于人们快速识别,可以将二进制数转换为十进制数进行编码。

下图是一幅灰度图像,图中各个像素标注的数值表示该图在此像素的灰度值,数值范围是 0 ~ 255。数值越大,颜色越浅,最大值 255 为白色;数值越小,颜色越深,最小值 0 为黑色。

显然,无论是黑白图像,还是有着丰富层次的灰度图像,都无法满足人们对图像色彩显示和存储的需求。

计算机三原色

原色是指色彩中不能通过其他颜色混合生成的基础色。

光学三原色是指红（R）、绿（G）、蓝（B）3种颜色。

计算机屏幕显示利用了光学三原色的显示原理。将光学三原色按照不同比例混合，可以组合成计算机显示屏上丰富的色彩。

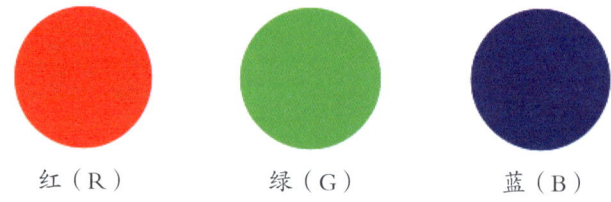

红（R）　　　　绿（G）　　　　蓝（B）

彩色图像在计算机中同样以二进制数进行存储。通常，彩色图像中的每个像素都有一个红、绿、蓝三原色的编码，即 RGB 值。

例如，红色的 RGB 值为（255，0，0），表示该颜色的红色值为 255，绿色和蓝色值均为 0，显示出来的效果即为纯粹的红色；当三原色的值都为 255，即 RGB 值为（255，255，255），显示出来的颜色为白色。

思考与实践

尝试填写以下几种常见颜色的 RGB 值。

☐ 白色的 RGB 值为（255，255，255）

■ 红色的 RGB 值为（255，0，0）

■ 绿色的 RGB 值为（＿＿＿，＿＿＿，＿＿＿）

■ 蓝色的 RGB 值为（＿＿＿，＿＿＿，＿＿＿）

■ 黑色的 RGB 值为（＿＿＿，＿＿＿，＿＿＿）

原来，人眼可见的丰富色彩和精彩画面，在计算机中是以数字编码的方式保存的。

计算机存储、识别着一串串数字编码，却给人类呈现了绚丽的色彩、生动的图像与无尽的视觉可能。

讨论与交流

图像在计算机中的显示效果会受到哪些因素的影响？

与同学交流、讨论这个话题，得出自己的见解。

3.2 图像识别：计算机视觉是怎样"练"成的

日常生活中，很多智能体可以像人类一样"看"懂这个世界中的画面，而支撑这一能力的技术正是计算机视觉。它已悄然融入人们学习、生活的方方面面——扫码付款、拍照识物、人脸识别……种种应用背后都离不开计算机视觉的支撑。

计算机视觉是如何形成的呢？我们一起来揭开它神秘的面纱。

3.2.1 "看见"——获取图像的信息

人睁开眼睛能看到世间万物，这主要是因为物品能够发光或者反射光线。人的眼睛是捕获万物光影信息的器官。

摄像头、扫描仪等设备如同机器的"眼睛"，可以获取丰富多彩的图像光影信息。这些信息被采集进入数字设备后，经转换变成计算机能"读"懂的数字信息。

摄像头

三维扫描仪

这是计算机视觉形成的第一步：获取图像的信息。

思考与实践

采集图像信息的设备有很多,比如笔记本电脑上的内嵌摄像头、超市收银时使用的扫码仪等。

在日常生活中,你还见过或用过哪些可以获取图像信息的设备?

知识拓展

摄像头采集信息的基本原理

摄像头采集信息的基本原理一般包括光学成像系统、图像传感器、信号放大与处理等。

(1)光学成像系统:摄像头的核心是光学成像系统,主要由镜头和感光元件(图像传感器)组成。镜头负责收集光线并将其聚焦在感光元件上。通常,镜头由多组透镜组成,通过折射和聚焦光线,可以使摄像头前的景象在感光元件上形成清晰的图像。

(2)图像传感器:图像传感器是摄像头的关键组件,负责将光信号转换为电信号。

(3)信号放大与处理:图像传感器产生的电信号非常微弱,需要经过放大和处理才能转换成适合传输和显示的信号。

3.2.2 "优化"——对图像进行预处理

图像中的信息通常会存在各种不好的状况,比如背景杂乱、主体信息模糊、部分画面被弄脏等。对于这样的图像,计算机不能马上开始识别,而是需要先给图像来个"美容护理",也就是图像信息预处理。

例如，计算机利用各种算法，将图像中的干扰信息，如小斑点、杂乱线条一一去掉，让图像显得干净整洁；再用图像增强技术，把图像中太暗或太亮的地方调整得恰到好处，让物体的特征呈现得更明显；还可以通过图像分割，将图像中不同的区域、物体进行分离，让计算机每次仅专注于识别一块内容。

经过如此处理，图像呈现的效果得到了优化。

原图像　　　　　　　　　　　优化后的图像

这是计算机视觉形成的第二步：对图像进行预处理。

思考与实践

在老师的指导下，尝试对下图进行预处理。

（提示：可以借助生成式人工智能应用）

知识拓展

图像预处理技术

计算机要想"看"懂图像，需要先对图像进行预处理。常见的预处理技术如下。

（1）裁剪：去掉图像中多余的部分，只保留所需的主体部分。

（2）灰度转换：将彩色的图像变成黑白色，这样仿佛给图像披上了一件复古的外衣。在处理图像时，把彩色图像转换成灰度图像，能让计算机分析起来更简单。

（3）降噪：有些照片在拍摄时会出现像小雪花一样的杂质，这就是噪点。噪点会让照片看起来不太清楚。降噪技术能去掉噪点，让照片变得干净又清晰。

（4）对比度调整：调整图像的对比度，可以让图像中亮的部分变得更亮、暗的部分变得更暗。如此，图像的颜色会变得更加鲜艳，细节会变得更清晰。

3.2.3 "分析"——提取图像的特征

人们看到某一物品后，能够迅速地说出它的名字，是因为在反复观看的过程中了解了这个物品的特征。

同理，计算机"看"到图像后，也会快速地找到图像的特征。常见的特征类型包括：颜色特征，如橙子是橘色，苹果是红色或绿色，猕猴桃是浅棕色；纹理特征，如橙子表皮不光滑、有小坑洼，苹果表皮光滑，猕猴桃表皮毛茸茸的；形状特征，如圆形的可能是橙子、苹果，椭圆形的可能是猕猴桃。

提取了这些特征信息，计算机就能像人类依靠外形特征认识物品一样，初步判断图像的基本内容。不同的水果，它们的颜色、纹理、形状各不相同，提取的信息也会不同。

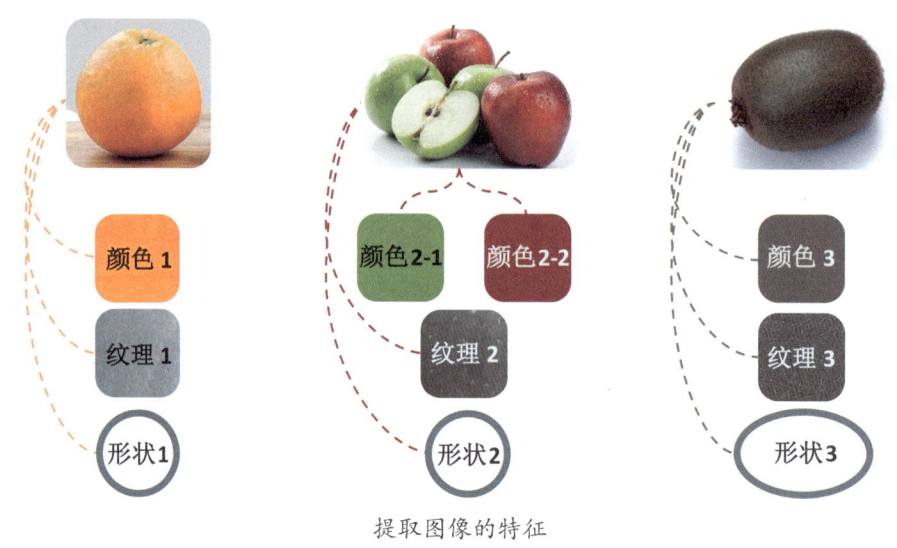

提取图像的特征

这是计算机视觉形成的第三步：提取图像的特征。

思考与实践

自然界中有各种各样的花朵，为了便于计算机进行特征提取，你认为可以设置花朵的哪些特征信息？

向日葵　　雏菊　　玫瑰　　茉莉　　牡丹

3.2.4 "识图"——判定图像的身份

人类要通过不断地看、反复地记忆，在认真学习之后，才能更有效地识别、理解新事物。计算机要准确识别图像，同样需要进行"学习"。

工程师们需要先准备大量的物体图片，并标注好物体的名称。然后，让计算机通过这些图片来学习各类物体的特征规律，这个过程被称为模型训练。

例如，给计算机"看"很多猫或狗的图片，并标注清楚哪些图像是猫、哪些图像是狗。慢慢地，计算机就能总结出猫的特征——有尖尖的耳朵、柔软的身体，狗的特征则是耷拉着或竖起的耳朵、圆溜溜的眼睛、矫健的四肢。如果再"看"到新的图像，计算机就可以根据之前学习到的特征进行快速比对，判定这个新图像中的动物是猫、狗或其他动物，由此完成图像识别的全过程。

识别新图像

这是计算机视觉形成最关键的一步：判定图像的身份。

思考与实践

关于计算机视觉的形成过程,你理解了吗?请用自己的语言,有条理地对此过程中的几大步骤进行表述。

讨论与交流

与人类用眼睛看图、用大脑理解图像的内容相比,计算机视觉的形成与之有哪些相似和不同之处?

与同学交流、讨论这个话题,得出自己的结论。

3.3 AI生图：AI大模型的应用

随着人工智能技术的发展，计算机视觉系统在感知与生成能力上显著提升。尤其是AIGC（人工智能生成内容）技术的发展，越来越多的AI大模型可以根据人们的指令，生成有创意的图片、视频等视觉作品。通过AI大模型生成的作品，能否与人们预想的效果达成一致？我们可以试一试。

3.3.1 以图生图

小智画了一幅妹妹骑马的图，他想将这幅图制成生日贺卡送给妹妹。但是，妹妹特别喜欢卡通风格的图。于是，小智想借助AI大模型，以自己的绘画作品为基础，生成一幅具有卡通风格的创意图画。

小智画的原图

小智在AI大模型的工具中选择"图像生成"功能，然后导入自己画的图像文件，并输入提示词"请根据这幅图，生成一幅卡通图像"。于是，AI大模型生成了几幅备选图像。然而，新生成的图像除了风格是卡通的，其他的内容都与小智画的原图没有关联。显然，这不是小智想要的。

AI生成的创新图1

AI生成的创新图2

思考与实践

如何设置提示词，才能让AI大模型理解我们的意图，从而生成合理的图像？

试着与同学讨论一下，然后调整与AI大模型的"对话"内容，重新导入原图并输入新的提示词，看看生成的新图像是否符合预期的效果。

你输入的新提示词是：_____

AI大模型生成的新图像是否符合你的预期？

○ 图像效果很好，完全符合我的预期。

○ 图像效果不错，虽然与我的预期略有差距，但可以接受。

○ 图像效果一般，可能需要微调一下才好。

○ 图像效果不好，完全不是我想要的。

小智尝试使用新的提示词。

（1）准确地表述原图的内容：这是一幅"小女孩骑在马背上"的儿

童简笔画。

（2）确定图像修订的目标：请帮忙润色，生成一幅色彩丰富的彩色图像。

（3）提出细致的要求：生成的图像中，小女孩和马都表现出愉快的情绪，图像的生成比例为 2∶3，图片风格为"卡通"。

之后，小智重新上传原图，并向 AI 大模型输入新的提示词：

这是一幅"小女孩骑在马背上"的儿童简笔画。请帮忙润色，生成一幅色彩丰富的彩色图像。生成的图像中，小女孩和马都表现出愉快的情绪，图像的生成比例为 2∶3，图片风格为"卡通"。

这次生成的图片基本符合小智的要求，他选择了其中最满意的一幅。

小智画的原图

AI再次生成的图像

AI 大模型中"以图生图"的小技巧

在 AI 大模型中，"以图生图"的功能为创作者打开了一扇充满无限可能的大门。掌握一些小技巧，可以让创作事半功倍。

1. 精准表述初始图：上传的初始图十分重要，要尽可能详细地描述它的关键元素。

2. 明确新图的目标：在提示词中说明生成的新图要达成怎样的效果。

3. 精准把控图像的细节描述：对生成新图的细节进行详尽的描述，比如图像的生成比例、风格等。

4. 合理地追问，多轮迭代优化：如果对生成的图像不满意，可以根据实际情况追加新的提示词。经过多次迭代、优化，可能会生成更符合你预期的图像。

思考与实践

画一幅简笔画，将其转为电子版图像。然后将此图像导入 AI 大模型中，并输入合理的提示词，通过 AI 大模型"以图生图"的功能创作一幅新的图像。

AI 创作的新图是否符合你的预期？

如果不符合，你准备追加怎样的提示词？

通过多轮指令的迭代、优化，图像的效果是否有所改进？

3.3.2 以文生图

与 AI 大模型"对话"时，可以通过提示词让 AI 理解我们的需求，从而创作一幅符合预期的图像。

小智想要一幅宣传画，画面内容要表现出学校的校训。他选择 AI 大模型的"图像生成"功能，并输入提示词："帮我生成图片：我是学校大队委的宣传委员，要制作一幅校园宣传画。画面的内容应表现出校训

'勤奋，团结，和谐，创新'。"

帮我生成图片：我是学校大队委的宣传委员，要制作一幅校园宣传画。画面的内容应表现出校训"勤奋，团结，和谐，创新"。

AI 生成了多幅图像，但每幅图像都有点小问题。小智发现，有的图像中有错别字，有的图像构图不太协调……经过对比，小智选择了其中一幅相对符合自己心意的图像。但是，他希望这幅图像能够更为优化。于是，在这幅图像的基础上，小智追加了一条提示词："背景图片中要出现老师和学生，学生戴着红领巾。"

AI 生成了新的图像，图中的人物设置基本满足小智的预期，但是部分内容依然有瑕疵。小智下载了 AI 生成的原图，然后通过图像处理软件进行了简单的后期处理，最终获得了一幅符合需求的图像。

通过与AI"对话"，可以完全实现人们"以文生图"的预想吗？

如果AI无法满足我们的需求，我们可以采用哪些办法来优化AI生成的图像呢？与同学讨论具体的解决方案，并进行实践操作。

AI创作视频

计算机视觉技术不仅能够应用于创作静态的图像，还能够创作出动态的视频。

有些AI大模型可以以图生视频。例如，在AI大模型中上传一张风车房周围开满鲜花的照片，然后输入提示词："一阵风吹过，花朵随风摇摆"，AI将生成一个动态的视频。

以文生视频，也很简单。在AI大模型中输入提示词："宇航员在太空漫步"，AI就能生成一段宇航员在太空漫步的视频，这段视频将带我们领略浩瀚的宇宙。

随着 AI 技术的发展，未来还可能创造出更丰富多彩、更符合人们预想的优秀视频作品。

然而，AI 不是万能的。

AI 虽然本领大，但缺乏人类独有的生活经验和丰富的情感。我们要好好学习文化知识，让自己也具备优秀的学习能力和高超的本领，将来才可以更为合理、有效地使用 AI，让它真正成为我们的好帮手。

讨论与交流

用 AI 创作图像作品时，可以使用"以图生图""以文生图"功能，也可以使用"以图生视频""以文生视频"功能，你觉得在哪些情境下可以应用 AI 创作图像作品？创作 AI 图像作品时，如何才能更有效地使用提示词？

与同学交流、讨论此话题，得出自己的结论。

单元小结

与人类不同，计算机"看"到的图像是各种数字编码构成的信息，其中包含了图像的像素、分辨率、颜色编码等内容。而与人类相似的是，计算机从"看到"物体到"看懂"物体，也要经过一系列的学习过程。

在本单元的学习中，我们知道了与计算机图像存储相关的一些基础知识，了解了计算机视觉形成的过程，同时也体验了利用人工智能技术生成图像等信息的基本操作。这些内容，你掌握了吗？你觉得自己的学习态度是否合格呢？请对自己的表现做个评价吧。

资源下载码：rgznts

项目	评价内容	自我评价
学习过程	认真听讲，积极发言	☺☺☺☺☺
	积极动手实践，自主探究	☺☺☺☺☺
	勤于思考，尝试解决问题	☺☺☺☺☺
学习内容	了解图像像素、分辨率等基础知识	☺☺☺☺☺
	了解颜色信息数字化的基本内涵	☺☺☺☺☺
	理解计算机视觉的形成过程	☺☺☺☺☺
	掌握使用AI大模型以图生图、以文生图的基本操作	☺☺☺☺☺

第三单元 人工智能的"眼睛"——了解计算机视觉

参考答案

3.1.1

P057

横向有 18 个像素；纵向有 14 个像素。

P059

左图的分辨率更大。

3.1.2

P060

P062

🟩 绿色的 RGB 值为（ 0 ， 255 ， 0 ）

🟦 蓝色的 RGB 值为（ 0 ， 0 ， 255 ）

⬛ 黑色的 RGB 值为（ 0 ， 0 ， 0 ）

3.2.1 P065

在日常生活中，可以获取图像信息的设备还有扫描仪、数码照相机、监控摄像头、行车记录仪等。

3.2.2 P066

 主要使用的预处理方式：增大分辨率、翻转图像、删除杂乱背景……

3.2.3 P068

可以设置花朵的颜色特征、形状特征、纹理特征和花瓣形态特征等。

3.2.4 P070

计算机视觉的形成，一般要经过四大步骤：获取图像的信息、对图像进行预处理、提取图像的特征，以及学习并识别新的图像。

3.3.1 P072 P074

（略）

3.3.2 P076

通过与AI"对话"，一般不易完全实现人们"以文生图"的预想。

这时，我们可以追加一些新要求，进一步优化图像效果；也可以在已生成图像的基础上，使用图像处理软件进行细节的优化处理……

第四单元

人工智能的"听"与"说"
——了解智能语音与NLP

语音，是人类交流最主要、最直接的方式。近年来，随着 AI 技术的快速发展，我们的日常生活中出现了智能音箱、智能语音导航、智能客服、智能写作助手等诸多与语音、语义理解相关的应用。各种大语言模型的应用，使智能问答、智能写作等受到了广泛关注。

智能音箱

计算机能够"听懂""说出"人类的语音，智能语音和自然语言处理（Natural Language Processing，简称 NLP）技术发挥了极大的作用。

智能语音技术如何让机器具备"能听会说"的能力？NLP 技术如何让机器理解人类的语言？它们各自的工作原理是怎样的？本单元将带领大家初步了解与智能语音、NLP 技术相关的内容。

学习要求

- 了解声音在计算机中如何表示。
- 理解语音识别、自然语言处理的基本原理。
- 知道大语言模型的基本知识及相关应用。
- 学会用图形化编程软件编写机器翻译相关程序。

4.1 初认识：听得懂、会说话的机器

智能语音应用已经走进人们的日常生活，智能音箱是其中之一。通过智能音箱，我们可以用语音点播歌曲、上网购物，也可以询问天气情况，还可以对智能家居设备进行控制（如打开窗帘、设置冰箱温度、提前让热水器升温等）。智能音箱，是一台听得懂人话、会说人话的机器。

4.1.1 声音的数字化表示

"蝉噪林逾静，鸟鸣山更幽"，山村野外，似乎万物皆有声；城市里，更是人声鼎沸、音浪嘈杂。那么，我们日常生活中听到的声音究竟是如何产生的？

启动智能音箱播放音乐时，将手轻放在智能音箱的外壳上，你能感觉到什么？是不是有振动感？以物理学的角度来看，声音是由物体振动产生的，一切正在发声的物体都在振动。关闭智能音箱，再次把手轻放在外壳上，你还能感觉到它在振动吗？此时，音乐停止，振动也停止了。

从人说话的声音中，可以了解到各种各样的信息，如说话的内容，以及说话人的年龄、性别、身份等。

声音多种多样，它们是如何存储到计算机、手机等电子设备中的呢？这需要声音的数字化。因为，电子设备只知道"0"和"1"，如果想让电子设备听得懂声音，就必须用"0"和"1"来表示声音。

思考与实践

使用录音软件录制一句话（如"初识智能语音"）。按照以下操作步

骤进行观察，并将观察结果填写在空白处。

1. 采样

单击录音软件中"缩放"区域的"水平放大"按钮，可以发现很多小正方形点，这些小正方形点的间距_____（相等、不相等）。

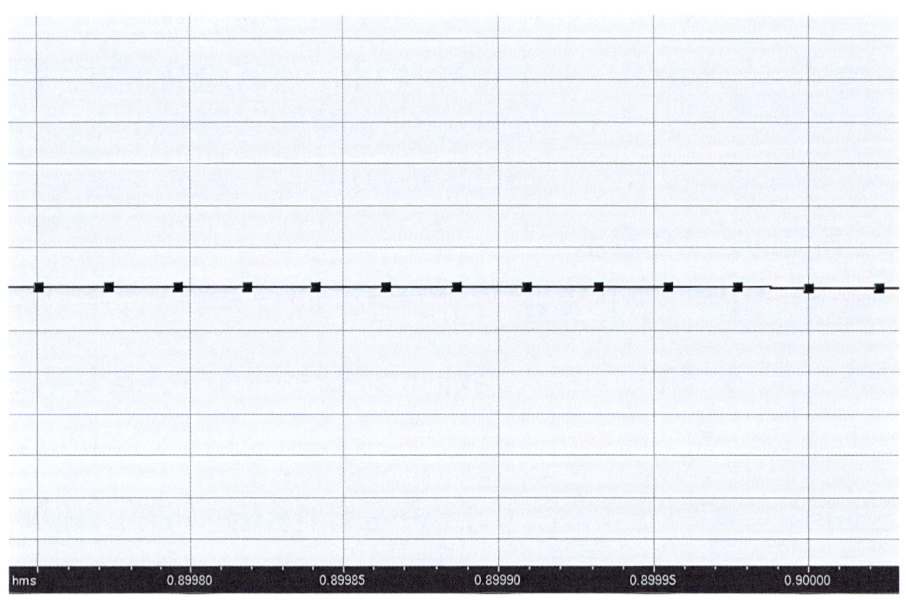

2. 量化

单击"缩放"区域的"垂直放大"按钮，再次观察这些小正方形点，以及右端标尺所列的数据。每个点都对应一个_____（十进制、二进制）数值。

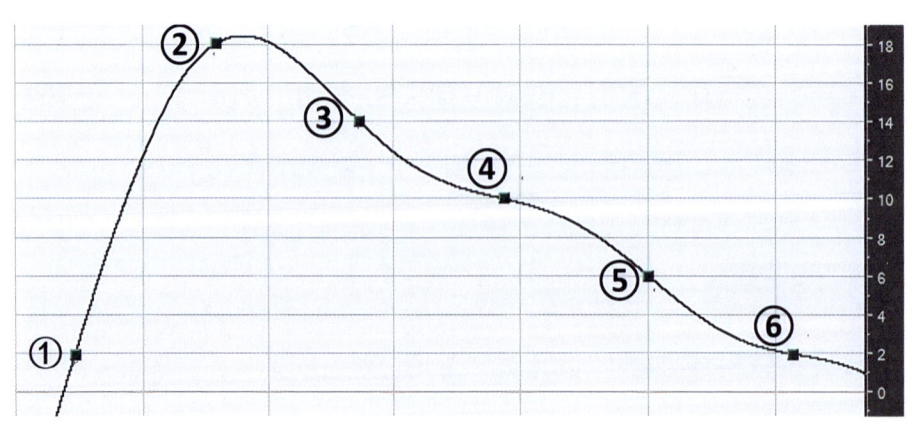

3. 编码

表 4-1 所示是十进制数所对应的二进制数。

表4-1 十进制转化成二进制

样本序号	①	②	③	④	⑤	⑥
量化值（十进制）	2	18	14	10	6	2
二进制编码	0000 0010	0001 0010	0000 1110	0000 1010	0000 0110	0000 0010

由实践可知，语音在计算机中的表示，需要经历**采样、量化和编码** 3 个核心过程。

采样是指以固定的时间间隔对模拟的、连续的声波进行取样；**量化**是指将取样得到的样本数字化，并表示为离散的数据范围；**编码**是指将量化的信号进一步压缩、整理，并表示为计算机可识别的二进制数。由此，语音信息被数字化表示，并存储于计算机中。

4.1.2 语音识别过程

计算机获取并存储人类的语音之后，可以进一步挖掘和获取语音中所包含的信息。

智能语音技术是通过对语言信号进行解析与生成来实现人机交互的技术，其典型应用有语音识别、语音合成、声纹识别和语种识别等。

语音识别技术是让机器通过识别和理解的过程把语音转换为对应文本的过程，即输入的是语音，输出的是语音对应的文本。例如，开视频会议时，实时字幕就是语音识别技术的典型应用。

> **思考与实践**
>
> 在日常生活中，你还遇到过哪些应用了语音识别技术的场景？与同学交流各自的见闻。

语音识别是一个非常典型的机器学习过程，包含语音输入、特征提取、模式匹配、文字输出等步骤。

1. 语音输入

通过麦克风把语音收集起来，然后把语音变成一种计算机能"懂"的数字信号，也就是二进制数。

2. 特征提取

计算机对获取的语音数字信号进行处理。先找到说话开始和结束的地方，去掉没用的静音部分。然后对重要的声音信号进行加工，让其变得更加清楚，并把声音分成若干小段。计算机会通过程序对每一小段信号进行仔细的观察，找出能代表声音特点的信息。这就是特征提取的过程。

通过特征提取，可以把语音波形转换成便于计算机处理的数据信息。

3. 模式匹配

提取语音的特征后，通常使用两个模型来进行模式匹配。

第一个模型是声学模型，它根据发音的特点，主要完成从提取的特征到发音的转换过程。对于汉语来说，大家熟知的一种发音表示就是声母、韵母的形式。例如，输入"五年级"3个字对应的语音，提取的特征通过声学模型匹配后,输出的是"w-ǔ-n-ián-j-í"这样的发音序列。声学模型的工作流程如下图所示。

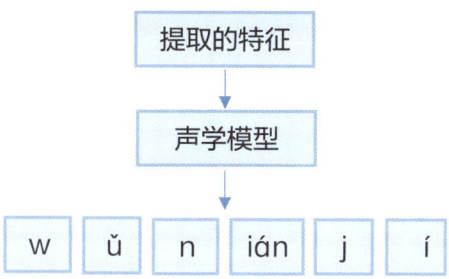

第二个模型是语言模型。语言模型的输入是声学模型的输出,即发音的序列。语言模型的主要作用是把这些发音信息根据人的语言习惯匹配成最符合语言逻辑的文字语句。例如,"wǔ nián jí"这段发音,每个字都对应了多个同音字——wǔ 对应"五""午""伍""舞"等,nián 对应"年""粘""黏"等,jí 对应"级""集""急""及"等。与"wǔ nián jí"发音相符的文字组合有很多,比如"伍年集""舞粘急""午年及""五年级"等,其中最符合语言习惯且被大家接受的组合是"五年级"这个词,如下图所示。也就是说,语言模型会通过收集大量语言文字的序列,学习所有匹配的可能性。

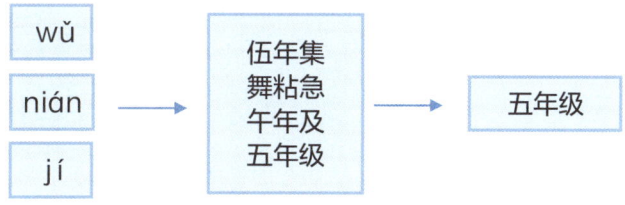

4. 文字输出

通过模式匹配,即通过声学模型的匹配将提取的特征转换为可能的发音,然后通过语言模型的匹配将发音转换为文字,最终得到通顺的语句,并输出文字。

输入语音，经过特征提取和声学模型、语言模型的模式匹配之后，最终得到对应的文字输出，这就是语音识别的基本过程。

思考与实践

1. 打开智能语音输入法，用正常的音量朗读下面这段话："智能语音技术应用于很多领域，它可以使计算机能听会说。"

请观察，设备可以完全识别并正确输出所有的汉字内容吗？

2. 用很大的声音再朗读一遍这段话，这次的正确率如何？

3. 请找一位会说方言的同学或老师，用方言再将这段话朗读一遍。这一次，正确率又如何？

4. 请对比以上 3 种情况下语音识别的正确率。与同学讨论，为什么会出现这种情况？如果识别的正确率不高，可能是语音识别过程的哪个环节出现了问题？

4.1.3　自然语言处理

通过语音识别技术将语音转成文字后，智能音箱就可以回答问题了吗？当然不是！智能音箱还需要"读"懂这些文字，明白它们的意思，才能正确回答问题，这就需要自然语言处理技术。

什么是自然语言处理呢？实际上，人与计算机之间直接交流存在障碍，因为人类不能直接理解数字信息，而计算机不能直接理解人类的自然语言。自然语言处理（NLP）技术在人与计算机之间架起沟通的"桥梁"，让计算机能够理解、处理、生成和模拟人类的语言，实现计算机与人自然对话。

简而言之，就是让计算机"学"会像我们一样去理解、处理和运用人类的语言。

自然语言处理包括情绪分类、搜索、智能问答和机器翻译等多个主题。这里，我们主要介绍一个最简单的自然语言处理的例子：情绪分类。

这里提及的情绪分类，又称文本情绪分析。它是通过算法来判断一段文本、评论的情绪偏向，从而快速地了解文本创作者的主观情绪。

生活中，当我们陈述一段内容时，可能会出现非常复杂的情绪，比如高兴、兴奋、激动、失落、压抑、紧张、疑惑……而 NLP 技术还达不到如此细小的分类，一般只会处理 3 种情绪状态：积极（高兴）、中性和消极（不高兴）。

思考与实践

清早起来，小智对妈妈说："今天天气真好，阳光明媚，我心情舒畅。"

1. 请你想一想，这句话蕴含了怎样的情绪？

○ 积极　　　　○ 中性　　　　○ 消极

2. 你可以通过哪些词语判断出这句话所表达的情绪？

计算机如果想判断这句话表达的情绪，也要用到与人类思考类似的方法。

计算机需要先将句子转换为它能理解和处理的形式，也就是找到关于情绪的明显特点。

为了简化问题，计算机试图模拟人的思维方式来判断情绪是积极的还是消极的。其中关于情绪的一个非常显著的特点就是句子里的关键词。工程师们预先会人工标注或自动化挖掘构建一个关于情绪的词典，词典中的每个词都对应消极或积极的情绪标签。情绪词典的样例如表 4-2 所示。

表4-2　情绪词典样例

词语	真好	高兴	喜欢	开心	心情舒畅	不好	难受	讨厌	哭	心烦意乱	难过
词语的情绪标签	积极	积极	积极	积极	积极	消极	消极	消极	消极	消极	消极

这个情绪词典中仅列举了 11 条信息。在实际应用中，情绪词典中可能包含几万甚至几十万条信息，信息越多，计算机对句子情绪判断的精准度越高。有了情绪词典，计算机就可以对文本的情绪进行分析了。

一个典型的文本情绪分析的过程如下。

1. 准备数据

句子 1："今天天气真好，阳光明媚，我心情舒畅。"【积极】

计算机首先针对这句话进行分词处理，如下所示。

句子 1：['今天','天气','真好','阳光明媚','我','心情舒畅']

2. 特征提取

抽取句子中的关键词，得到每个关键词在情绪词典中出现的频率，如表 4-3 所示。

表4-3　关键词在情绪词典中出现的频率

关键词	真好	高兴	喜欢	开心	心情舒畅	不好	难受	讨厌	哭	心烦意乱	难过
频率值	1	0	0	0	1	0	0	0	0	0	0

从表 4-3 中可以看出,"真好"和"心情舒畅"各出现 1 次,其他为 0 次。

表格中的一行内容,就是一条训练数据。如果有更多的句子,则可以组成更多的训练数据。我们再添加以下 4 个句子。

句子 2:"刚才的电影太感人了,我哭得稀里哗啦的。"

句子 3:"这次考试没考好,我好难过呀。"

句子 4:"我等了好久的书终于到了,太开心啦!"

句子 5:"上学路上堵车堵得我心烦意乱。"

整合上面的 5 个句子,我们可以得到表 4-4 所示的训练数据集。

表4-4 多个句子生成的训练数据集

关键词	真好	高兴	喜欢	开心	心情舒畅	不好	难受	讨厌	哭	心烦意乱	难过
频率值	1	0	0	0	1	0	0	0	0	0	0
	0	0	0	0	0	0	0	0	1	0	0
	0	0	0	0	0	0	0	0	0	0	1
	0	0	0	1	0	0	0	0	0	0	0
	0	0	0	0	0	0	0	0	0	1	0

3. 模型训练

计算机根据机器学习的算法,对表 4-4 中的训练数据集进行训练,从而构建情绪分类预测模型。

4. 模型预测

现在,有一个新句子——"我在操场上散步,感觉心情舒畅"。将这句话与情绪词典中的词语对应,整理成表 4-5 所示的内容。

表4-5 整理新句子的数据

关键词	真好	高兴	喜欢	开心	心情舒畅	不好	难受	讨厌	哭	心烦意乱	难过
频率值	0	0	0	0	1	0	0	0	0	0	0

将这个表格的内容输入训练好的情绪分类模型中。分类模型会根据之前学习的模式，计算出这个句子属于"消极""中性""积极"几种不同情绪类别的概率，并最终预测出该句子的情绪类别可能是"积极"的，因为句子中出现的词语"心情舒畅"通常与积极情绪相关。

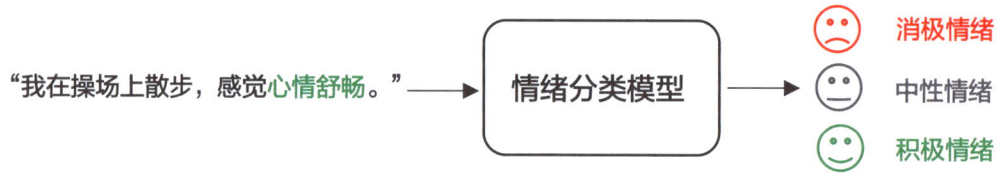

以上只是一个简单的情绪分类的样例。在实际应用的过程中，自然语言处理的情绪分类要复杂得多，会涉及更复杂的特征提取的方法，以及更先进的深度学习模型。

情绪分类的主要用途之一是在商业领域分析用户反馈。企业在提供产品或服务后经常会进行满意度调查，通过对产品评论、客户服务对话等内容进行情绪分类，企业可以快速了解消费者对产品或服务的满意度。

讨论与交流

除了情绪分类，自然语言处理技术还可能应用在日常学习、生活的哪些场景中？

请与老师、同学讨论一下，并将具体的应用场景记录下来。

4.2 我问你答：大语言模型的应用

"请问现在几点了？"

"现在是 12 点 25 分。"

"你今天的心情好吗？"

"我的心情很好。"

……

以上对话是发生在人与人之间，还是人与 AI 之间？我们越来越难以分辨。这是由于 AI 大语言模型在自然语言处理领域的广泛应用。

大语言模型就像一个强大的、掌握了人类语言的机器人，它通过"阅读"海量的书和文章，"学"会了很多知识，仿佛一个真实的人，可以理解人类说的话，可以回答问题、讲故事，甚至可以根据人们的要求创作古诗、歌词、小说等文学作品。大语言模型开创了人工智能的新时代。

4.2.1 智能问答系统

2025 年央视春节联欢晚会上，有一个欢快的舞蹈节目——《秧 BOT》。节目中，一群穿着小花袄、挥着红手绢、扭着秧歌的人形机器人引发了小智的好奇心，他准备用 AI 大语言模型的智能问答系统来了解机器人的相关情况。

第一次，小智输入提示词："请介绍一下《秧 BOT》中的机器人"。很快，智能问答系统不仅介绍了机器人的名称、生产的公司，还详细介绍了机器人的基本构造、感知能力、控制技术、协同能力，并用智能语音将文字信息读出来。但是，小智觉得智能问答系统给出的答案太专业，有部分内容没听懂。

于是，小智再次输入提示词："请讲得通俗易懂一些，我是五年级的小学生。"智能问答系统第二次给出的答案浅显易懂，详细介绍了机器人的样子和身体、聪明的"大脑"、厉害的"眼睛"和"皮肤"、敏锐的"耳朵"、整齐的"团队合作"和持久的"小电池"。不仅如此，智能问答系统还提供了几篇参考资料，以及相关的视频。小智对智能问答系统的回答十分满意。同时，小智也打开了各类资料，进行了更加详细的浏览。现在，小智已经比较深入地了解了《秧BOT》中的机器人。

小智还想了解机器人转手绢的操作是如何实现的，于是输入了提示词："机器人是如何转手绢的？"智能问答系统用通俗易懂的语言，详细介绍了机器人转手绢的主要技术和设计原理。

思考与实践

你还想了解关于《秧BOT》机器人的哪些问题，试着向智能问答系统提问，并把你的问题和智能问答系统给出的答案记录下来。

问题：_____
答案：_____

_____

_____

 知识拓展

大语言模型

火遍全球的ChatGPT、DeepSeek等都属于大语言模型。大语言模型（Large Language Model，简称LLM），是一种基于深度学习技术的自然语言处理模型。它通过海量的文本数据，结合预训练和自监督学习等方式，学习自然语言的规律和知识表征，从而具有强大的语言理解和生成能力，能够生成自然、流畅的文本。大语言模型具有强大的表达能力，其知识覆盖面广，能够进行多轮对话，可以应用于各种自然语言处理任务，如智能问答系统、智能写作助手、机器翻译等。

大语言模型是自然语言处理任务中的一种技术，它的"大"主要有如下体现。

（1）参数规模大。大语言模型中的参数数量巨大，可以达到几十亿、几百亿，甚至上千亿，与人类的大脑神经元数量基本处于同一数量级。

（2）训练数据量多。模型训练的数据覆盖范围广、量级大，大部分大语言模型的训练数据量在万亿以上。

（3）计算资源要求高。大语言模型在训练和运行中需要大量的计算资源，包括大量的图形处理器（GPU）或张量处理器（TPU，是Google为机器学习定制的专用芯片），以及巨大的存储空间和内存空间。

4.2.2 智能写作助手

《秧BOT》中的机器人太炫酷了，小智看完后久久不能平静，特别想写一首诗来赞美它。可他暂时没有太好的思路，于是决定求助于智能写作助手。

小智打开智能写作助手，选择"帮我写作"，将写作类型设置成"诗歌"，表达感情设置成"积极的"，语言设置为"中文"，同时输入了提示词："写一首赞美春晚节目《秧BOT》中机器人的诗"。很快，智能写作助手完成了一首诗。小智还想写不同体裁的诗，于是又提出新的要求："把它改成七言绝句"，智能写作助手又完成了一首新诗。小智继续提出要求："把它改成词"，智能写作助手根据前面的诗，又完成了一首词牌名为"如梦令"的新词。

智能写作助手

智能写作助手，顾名思义，是利用大语言模型技术和人工智能算法，通过海量文本数据分析，学习语言风格，进而辅助用户进行文本创作的工具。

智能写作助手可以根据用户提供的主题、关键词或者核心观点，快速生成连贯且有条理的文本内容。它可以根据不同的受众需求，生成不同体裁的文章，可以是新闻报道、学术论文、古诗和小说，也可以是电子邮件、工作总结和发言稿，甚至可以是朋友圈文案、歌词等。同时，智能写作助手还可以根据用户的反馈对文本进行智能修改和润色，这样既可以改成正式严肃的公文风，又可以改成生动活泼的新媒体文案风。

思考与实践

选一首你熟悉的古诗词或短文，也可以仅提供几个关键词，利用智能写作助手创作一首歌词，并尝试生成歌曲，与家人和朋友分享。

例如，用《长相思》生成歌词，原文和歌词如表4-6所示。

表4-6 古诗词生成歌词

原文	长相思 [清] 纳兰性德 山一程，水一程，身向榆关那畔行，夜深千帐灯。 风一更，雪一更，聒碎乡心梦不成，故园无此声。
智能写作助手生成的歌词	长相思 （主歌1）　　　　　（主歌2）　　　　　（副歌） 山一程 水一程　　　风一更 雪一更　　　长相思 泪满襟 身向榆关那畔行　　　聒碎乡心梦不成　　　明月照我心忧闷 夜深沉 千帐灯　　　故园情 心中萦　　　望远方 思无尽 风雪交加梦难成　　　天涯羁旅念归程　　　只盼归期早日临 （主歌3）　　　　　（主歌4）　　　　　（副歌） 爱亦深 念亦真　　　路遥遥 思迢迢　　　长相思 泪满襟 壮志未酬心未沉　　　身系家国情难抛　　　明月照我心忧闷 心有愿 志如焚　　　情悠悠 意袅袅　　　望远方 思无尽 保家卫国情义存　　　岁月流转情不凋　　　只盼归期早日临 （尾声） 待得凯旋归故里 阖家团圆共欢吟

请将你选取的文字内容和智能写作助手生成的歌词记录下来。

原文：_____

_____

_____

智能写作助手生成的歌词：_____

_____

_____

_____

_____

4.2.3 大语言模型的"幻觉"问题

使用大语言模型，可以实现智能问答、智能写作等多项功能。

2025年春节期间，小智在智能问答系统中输入了新的提示词："最近很火的那款大语言模型叫什么？"智能问答系统给出了如下答案。

> 最近很火的那款大语言模型叫什么？
>
> 找到 5 篇资料参考 ∨
>
> 最近比较火的大语言模型有以下几种：
>
> - **DeepSeek**：是由字节跳动公司开发的，以高效的性能和对多语言的支持等为特点，能够处理多种自然语言处理任务，如文本生成、知识问答、推理计算等。
> - **豆包**：是字节跳动公司开发的大语言模型，具有广泛的知识储备和良好的语言理解与生成能力，可提供各种领域的信息和帮助，与用户进行自然流畅的对话。
> - **通义千问**：是阿里云推出的大语言模型，能够生成文本、进行多轮对话、处理复杂任务等，在语言交互和智能应用方面表现良好。

小智发现一个问题：尽管大语言模型如此厉害，但它的答案也有明显的错误。

思考与实践

你能看出上面智能问答系统给出的答案中有什么错误吗？把相关错误记录下来。

错误是：_____

大语言模型生成不实或错误信息的现象，一般被称为大语言模型的"幻觉"。

例如，当询问"第一次世界大战中，澳大利亚军队使用了激光武器吗？"大语言模型可能会出现"幻觉"，编造一些看似合理的情节，比如"澳大利亚军队尝试用新型的激光类装置来干扰敌人视线，但因技术不成熟收效甚微"等不符合事实的内容。

大语言模型的"幻觉"问题会导致大语言模型给用户提供错误的信息，干扰用户对真实信息的获取，甚至虚构不实内容，导致虚假消息的传播。

因此，一方面，我们要加强自身的知识素养，让自己具备合理质疑大语言模型输出内容的能力；另一方面，我们要认识到技术的局限性，在使用大语言模型时，要谨慎对待，不要把大语言模型的输出内容当作绝对正确的知识来源，而是把它看成一个提供创意灵感、优化表达或初步梳理信息的工具。

知识拓展

ChatGPT与DeepSeek

2022年11月，OpenAI公司推出了ChatGPT，它是一款聊天机器人程序，其背后的核心技术就是大语言模型。ChatGPT能够理解问题的意图，根据聊天的上下文进行互动，就像一个真实的人一样与人类交流。它不仅能回答问题，还能编写程序、构思音视频脚本、撰写童话故事、创作诗歌等。ChatGPT几乎无所不能的问答能力，使得人们对大语言模型的通用功能有了全新的认识。它也因此入选中国工程院院刊《工程》评选的"2023全球十大工程成就"。

2024年12月，杭州深度求索人工智能基础技术研究有限公司发布了AI大模型DeepSeek-V3。2025年1月，该公司又正式发布DeepSeek-R1模型，并同步开源。DeepSeek-V3和DeepSeek-R1两款大模型，成本较低，性能与ChatGPT相当，让美国硅谷震惊。DeepSeek的发布彻底重构了大模型领域的技术体系，给世界经济和科技格局带来了深远的影响。其大模型V3版本在发布后迅速占据了各大测评榜单的头部位置，甚至能与世界上最先进的大模型一较高下。DeepSeek的成功不仅在于其技术上的突破，还在于其较低的训练成本和高效的训练过程，这为大模型的大规模应用提供了更可行的解决方案。

> **讨论与交流**

你使用过哪些大语言模型？你用大语言模型做过哪些事情？你是否满意它们输出的结果？为什么？

请与同学、老师分享你使用大语言模型的经历和心得。

4.3 翻译软件：编写AI小程序

新学期，小智所在的班级里转入了几位国际学生，他们分别来自美国、法国、德国和俄罗斯。这几位新同学将和班级里的其他同学一起学习一个月，语言障碍成为新同学与班级同学交流的最大问题。为了更好地和来自不同国家的同学交流，小智想编写一个小程序，实现不同语言之间的翻译，让同学们交流更顺畅。

4.3.1 机器翻译概述

机器翻译（Machine Translation，简称 MT），又称自动翻译，是指运用计算机将一种书写形式或声音形式的自然语言（源语言）转换成另一种书写形式或声音形式的自然语言（目标语言）的过程。

机器翻译是语言学和人工智能的交叉领域，它利用人工智能和自然语言处理技术，实现了不同语言的自动转换，为人们的工作和生活带来了极大的便利。

各种语言对"你好"的表达

基于大语言模型的机器翻译

近年来,大语言模型的迅速发展为机器翻译带来了革命性变化,这大大提升了机器翻译的质量和准确率,机器翻译逐渐进入新的发展阶段——基于大语言模型的机器翻译。

大语言模型通常是基于数十亿乃至更高数量级的深度学习模型来训练数据,最终得以理解和预测文本。通过对海量文本的学习,大语言模型能够理解各种语言现象,包括多义词、复杂的句子及对上下文的理解等,这使翻译结果更加准确、自然,并能够更好地转达原文的意思。大语言模型还可以根据目标语言的习惯和风格自动调整,能够更快适应新语言、新领域、新场景。例如,大语言模型能够根据英语的语法和用词习惯,选择合适的词汇和句型,避免在翻译的过程中出现"中式英语"的问题。即使面对从未见过的新文本,大语言模型也能够利用已学知识和模式进行合理翻译,表现得更加灵活和可靠。

基于大语言模型的机器翻译也并非毫无问题。由于语言的复杂性和多样性,在一些特定的文化背景下,大语言模型也可能出现翻译错误或者表达不准确的情况。另外,由于大语言模型的计算资源需求较大,训练和运行成本较高,这也会限制其发展。

4.3.2 制作翻译软件

软件开发的流程一般包括需求分析、算法设计、编写程序、测试与调试程序4个基本步骤。

1. 需求分析

作为开发人员，需要明确业务目标和用户需求，然后列出待开发软件的大功能模块，以及每个大功能模块中应包含的小功能，并做出系统功能的需求文档。在需求文档中要清楚地列举出功能需求、相关的界面及界面功能。

小智想制作的翻译软件，需要实现中、英、法、德、俄5种语言相互翻译的功能，翻译软件的需求分析如表4-7所示。

表4-7 翻译软件需求分析

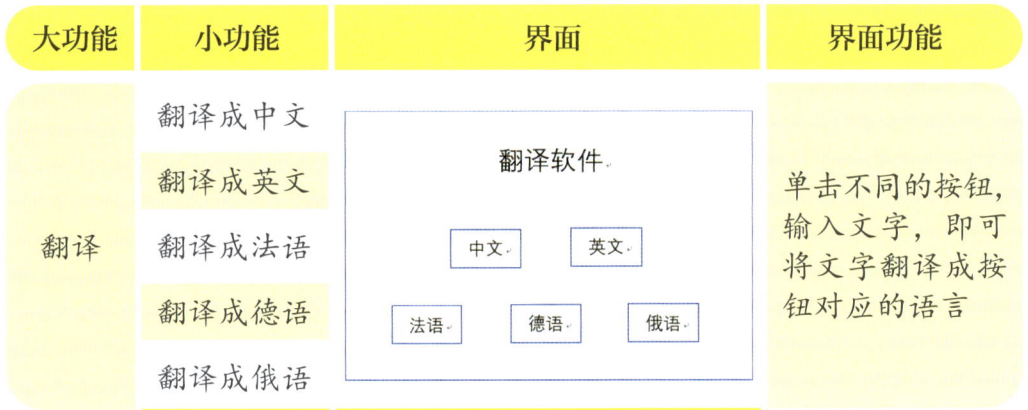

2. 算法设计

在计算机中，算法一般是指解决问题的方法和步骤。描述算法的方法主要有自然语言、流程图和伪代码。在实际开发中，流程图因其直观性常用于展示算法逻辑。

翻译软件主要实现的是翻译功能，以将输入的文字翻译成英文为例，用流程图表示算法。

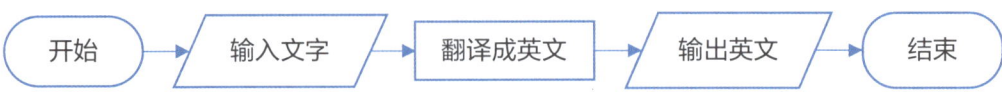

用流程图表示算法

用流程图表示算法，非常直观形象，易于理解。美国国家标准学会（American National Standards Institute，简称ANSI）制定了一些常用的流程符号（如表4-8所示），并被世界各国程序工作者普遍采用。

表4-8 常用的流程符号

图示	名称	操作
⬯	起止框	表示开始或结束。将"开始"或"结束"写在起止框内
▱	输入/输出框	表示数据的输入或输出
▭	处理框	表示计算或者处理的过程。将流程的简要说明写在框内
◇	判断框	表示判断。将判断的相关条件写在框内
↓	流程线	用来表示流程的指向和顺序。流程线箭头表示流向

3. 编写程序

打开图形化编程软件，添加背景图片和角色按钮。

选中"英文"按钮，根据算法编写程序，实现基本的翻译功能。

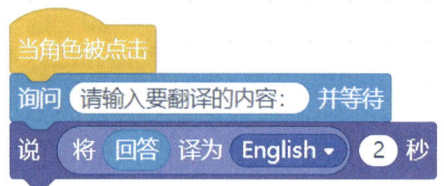

思考与实践

1. 参考翻译成英文的程序，你能编写翻译成中文、法语、德语、俄语的程序吗？动手试一试。

2. 如果由用户自己决定是否结束翻译程序，则需要在程序中增加一个判断语句。参考下面的程序，完善你编写的程序。

4. 测试与调试程序

编写完程序后，运行程序，测试其是否能够实现预想的功能。如果程序出现问题，要终止运行，修订后再次运行并测试。如此反复地调试，直至运行程序时不再出现问题为止。

在实际应用中，尽管机器翻译技术已经比较成熟，但仍然面临巨大的挑战。在某些特殊的文化背景、特定的专业领域和文学作品中，机器翻译的准确性和可靠性依然有待提高。而且机器翻译的水平高低，也在一定程度上影响了人们生活和工作的质量。

面对这些问题，未来机器翻译的发展需要更加注重技术的深度和广度。随着人工智能技术的不断发展，机器翻译将更加智能化、个性化，可以更好地适应不同人群的需求。此外，海量信息的融合将为机器翻译提供更多的数据信息，能够提升机器翻译跨语言理解和生成能力，使机器翻译更好地处理语言间的语义差异，提高翻译的准确性。

讨论与交流

在使用翻译软件时，你遇到过翻译出错的情况吗？你觉得机器翻译为什么会出错？

你认为机器翻译将来会用于哪些方面，给人们的工作和生活带来哪些便利？

请选择以上话题中的任意一个，与同学、老师分享你的看法。

单元小结

虽然计算机"听"到的声音信息是以二进制表示的，但它可以"说"出人类听得懂的语言。无论是"听"声音、判别语音情绪，还是"说话"，计算机都要经历完整的学习过程。

在本单元的学习中，我们了解了声音在计算机中的二进制表示，知道了语音识别技术的概念和基本工作原理，了解了自然语言处理技术和大语言模型的相关概念，以及基于大语言模型的智能应用：智能问答系统和智能写作助手。此外，还了解了机器翻译的概念、开发软件的一般步骤，以及动手制作了机器翻译软件。这些内容，你掌握了吗？你觉得自己的学习态度是否合格呢？请对自己的表现做个评价吧。

项目	评价内容	自我评价
学习过程	认真听讲，积极发言	☺☺☺☺☺
	积极动手实践，自主探究	☺☺☺☺☺
	勤于思考，尝试解决问题	☺☺☺☺☺
学习内容	了解声音在计算机中以二进制表示	☺☺☺☺☺
	知道什么是语音识别，了解语音识别的过程	☺☺☺☺☺
	了解自然语言处理技术	☺☺☺☺☺
	了解大语言模型技术，以及大语言模型的相关应用	☺☺☺☺☺
	能正确看待大语言模型的"幻觉"问题	☺☺☺☺☺
	了解什么是机器翻译	☺☺☺☺☺
	掌握开发软件的一般步骤	☺☺☺☺☺
	了解制作简单的机器翻译软件的方法	☺☺☺☺☺

第四单元 人工智能的"听"与"说"——了解智能语音与NLP

参考答案

4.1.1 P083

1. 这些小正方形点的间距 相等。

2. 每个点都对应一个 十进制 数值。

4.1.2

P086

在日常生活中,各种语音输入法、通过手机语音助手发短信、通过语音进行信息搜索等,都属于语音识别技术的应用。

P088

1. 用正常的音量朗读文字,设备几乎可以完全识别并正确输出所有的汉字内容。

2. 如果故意用很大的声音再朗读一遍,正确率可能会下降。

3. 如果用方言朗读,正确率也可能会下降。

4. 情况 2 正确率下降,通常是因为故意大声朗读,在语音输入环节可能产生破音,软件对声音进行了修正,导致特征提取时出错,最终导致识别不准;情况 3 正确率下降,是因为模式匹配数据库中没有针对该方言的声学模型。

4.1.3 P089

1. 这句话蕴含的情绪是**"积极"**的。

2. 通过"真好""阳光明媚""舒畅"这些词语可以判断出来。

4.2.1 P094

(略)

4.2.2　P097

（略）

4.2.3　P099

错误是：DeepSeek 不是由字节跳动公司开发的，而是由杭州深度求索人工智能基础技术研究有限公司开发的。

4.3.2　P106

1.

2.（略）

第五单元

人工智能的"超级大脑"
——初探机器学习

随着大数据和高性能计算机的迅猛发展,人工智能在机器学习领域取得了优异的成绩。从能知晓用户喜好的信息过滤系统到自动诊断病症的医学新技术,从具有超级围棋能力的机器人到自动驾驶的汽车……这些都得益于计算机拥有了"学习"能力,也就是机器学习(Machine Learning,简称 ML)。

机器学习是使计算机具有智能的有效途径,也是人工智能技术的核心,在模式识别、自然语言处理等场景中有着广泛的应用。在本单元的学习中,我们将共同了解用机器学习解决问题的方法与过程。

具有学习能力的智能机器人

学习要求

- 结合生活经验,了解机器学习的基本概念和分类。
- 在实践体验的基础上,知道机器学习的基本原理。
- 理解监督学习的主要流程与方法。

5.1 初认识：机器学习的"大本领"

"朝霞不出门，晚霞行千里"，这句谚语表明，清晨的天空中出现朝霞，预示有雨，不宜出门；傍晚出现晚霞，则预示天晴，可以远行。能做出这样有效的预判，是因为人们在长期的生活中不断积累经验、总结规律，利用这些经验和规律，在面对新情况时就能做出有效的决策。

计算机是否也能从"经验"中学习规律并进行预测，进而做出正确的决定呢？当然可以。

5.1.1 什么是机器学习

机器学习里的"机器"指的是计算机系统。机器学习是指通过一系列设计合理、性能优秀的算法，让计算机实现自动"学习"。

在计算机系统中，"经验"通常以数据的形式存在，数据就是计算机的学习材料。机器学习的方法是对数据进行分析并获得规律，然后将这些规律应用到新数据或无法观测的数据中，以做出判断或者预测。类比人类的思考过程，机器学习解决问题的方法是：通过已知数据进行训练而得到模型，新的数据再利用训练好的模型预测结果。其训练过程需要依据某种方法进行运算，这个方法就是算法。训练和预测是机器学习的两个环节，训练构建了模型，而模型成了预测的工具。

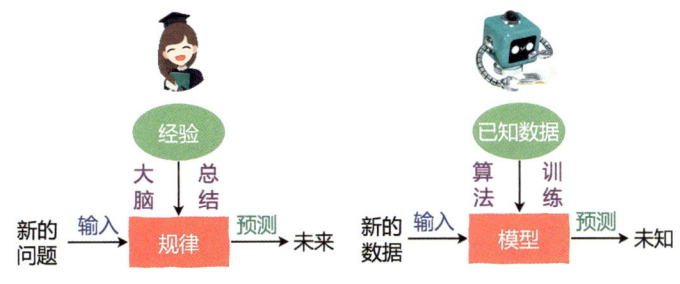

人类学习与机器学习

> **? 思考与实践**
>
> 在机器学习的过程中，数据、模型和算法之间的关系是怎样的？尝试用自己的语言进行阐述。

5.1.2 机器学习的分类

通常，机器学习主要分为监督学习、无监督学习和强化学习等类别。每种学习方式都有其独特的应用场景和优势。

1. 监督学习：有"老师"指导的学习

监督学习，就像老师教学生，老师会告诉学生相关知识内容的正误。例如，老师教学生认识水果，会指着橘子说："这种水果的果皮是橙色的，形状是圆的，它是橘子。"再指着香蕉说："它的果皮是黄色的，形状弯弯像月牙，这种水果是香蕉。"机器认识水果也需要"老师"，但机器的"老师"是"贴"在水果图片上的标签。在机器学习的过程中，要准备一个训练机器识别水果能力的训练数据集，训练数据集中有很多水果的图片，每一幅图片上都事先被标注了正确的标签，这些标签是人为添加的。

由此可见，监督学习有"老师"指导，且学习的答案清楚明确，"学生"学习完成后即可预测结果。但是，由于训练过程中给数据标注标签是以人工的方式，监督学习的过程会耗费大量的人力和时间，其训练成本很高。

2. 无监督学习：机器自由发挥的学习

无监督学习是机器可以在不依赖标记数据的条件下进行学习，就是让机器自主从"没答案"的数据中探寻规律。例如，一堆没有标签的小球，通过聚类算法将它们以颜色、大小等特点自动分成几个小组，让每个小组里的小球都具有差不多的外形特征。

因此，可以将无监督学习理解为：没有"老师"指导、由机器自己探索并最终发现隐藏规律的学习过程。

无监督学习作为机器学习的核心分支，近年来在理论研究与实际应用层面均取得了突破性进展，尤其在大语言模型、无人驾驶、机器人等应用领域表现突出。目前，科学家们正在推动 AI 从"依赖人工"向"自主进化"迈进，但是无监督学习仍面临巨大的技术挑战。

3. 强化学习：有奖励也有惩罚的学习

强化学习，也叫增强学习。在学习过程中，智能体通过动作和环境进行交互，不断获得反馈（奖励或惩罚），并根据反馈信息调整、优化策略。强化学习的过程，仿佛是一个在玩游戏的计算机，做对了加分，做错了就扣分。这种学习方式非常强大，能通过持续不断地优化取得比人类更优的决策机制。例如，战胜了人类围棋世界冠军的机器人 AlphaGo，其令世人震惊的博弈能力就是通过强化学习训练出来的。

可以把强化学习看成一个"追求最高分"的学习过程，学习目标明确，但其间允许反复试错。

表 5-1 中，对监督学习、无监督学习和强化学习 3 种不同类别的机器学习方式进行了简单的比较。

表5-1　3种机器学习方式的比较

项目	监督学习	无监督学习	强化学习
输入	有标签数据	无标签数据	决策过程
反馈机制	直接反馈	无反馈	奖励或惩罚
目标	分类、回归等	聚类、降维等	策略优化

机器学习的其他常见类别

除了监督学习、无监督学习和强化学习等主要的学习方式，机器学习还包括半监督学习、深度学习等类别。

半监督学习是一种结合了监督学习和无监督学习的机器学习方式。通常，半监督学习会利用少量的有标签数据和大量的无标签数据来训练模型，从而减少对大量标签数据的依赖，同时也能有效地提升机器的学习能力。

深度学习是一种基于人工神经网络的机器学习方式，旨在模拟人类学习和处理信息的方式。它通过构建"超级复杂的大脑"（深层神经网络）来自动提取和学习数据中的特征，并进行海量数据的处理。深度学习在图像识别、自然语言处理、语音识别等领域已经取得了显著的成果，但同时也面临着需要巨型的数据量、超级算力等多方面的挑战。

机器学习的每种类别都能让计算机变得更加"聪明"。随着技术的不断进步和算法的创新，机器学习将在更多领域发挥重要的作用，推动人工智能的发展。

5.1.3 机器学习的功能

机器学习的核心是让计算机通过数据学习规律，并完成特定任务。随着 AI 技术的发展，机器学习的功能几乎渗透到我们日常学习、生活的各个领域。

机器学习的功能主要在于：预测未知（如天气预报、疾病预测）、处理复杂信息（如语音识别、图像识别）、自动化决策（如数据推荐、自动控制）、创造新事物（如以文生图、AI 写诗）等。

以监督学习为例，它最主要的功能是分类和回归。分类功能就像是给东西贴标签，把它们分到不同的组里；回归功能则像是猜数字，根据一些线索来预测一个具体的数值。

例如，让计算机根据已有的数据训练一个分类器，"学会"区分橘子和香蕉这两种水果，这属于分类问题，这种问题的结果以离散型数据表示，可以一一列举。

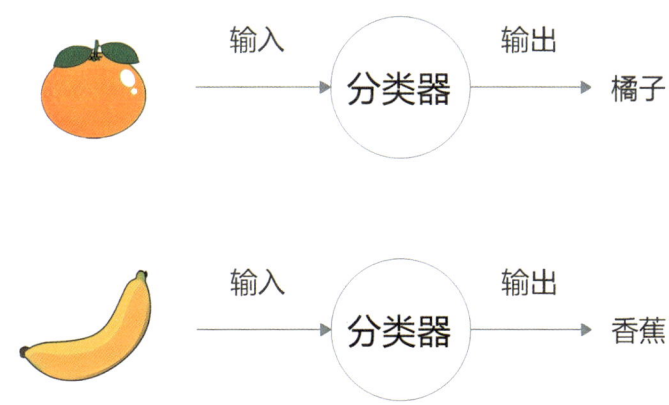

除了分类问题，计算机还能"学会"预测数字的大小。例如，根据历史的天气规律及最近的温度趋势，预测明天的气温；根据小明同学的年龄、

骨龄和目前的身高，预测他成年后的身高值；根据西瓜的产量、成本和气候的冷热程度等因素，预测西瓜的市场价格……这类问题，是根据现有规律预测出最有可能出现的数值，预测结果往往是存在于某一范围内的连续数值，包含多种可能性。这类预测连续型数据的问题，通常被称为"回归"问题。

思考与实践

监督学习是一种机器学习方式，主要解决分类和回归两种类型的任务。根据表5-2中各项任务的应用描述，判断其属于监督学习中的分类问题还是回归问题。

表5-2　监督学习中的分类与回归

应用描述	类型	
区分照片里的动物是猫还是狗	○分类	○回归
根据小朋友每年长高的厘米数，预测下一年他会有多高	○分类	○回归
通过考虑距离、车速和交通状况，预测从家到学校的行程需要多长时间	○分类	○回归
根据书名或简介来猜测这本书属于科幻、童话还是历史故事	○分类	○回归
将垃圾分类为可回收垃圾、厨余垃圾或其他垃圾，为环保贡献力量	○分类	○回归
根据季节、日期和历史天气数据，预测未来几天的最高气温和最低气温	○分类	○回归

> 💬 **讨论与交流**

目前，随着计算机软件、硬件技术的发展，机器学习领域已经取得了巨大的进步。某些针对特定学习任务的算法已经产生，关于机器学习的理论已开始逐步形成。

对于机器学习的发展，你有哪些期望或畅想呢？试着与老师、同学分享你的想法。

5.2 数据采集：收集"学习"的内容

很多程序设计的实验平台都提供了开放的智能服务功能，如语音识别、图像识别和机器学习等。

小智通过一个图形化编程实验平台中的智能工具，以及一系列程序设计和调试，实现了分类器的功能。当输入一个图像时，训练好的分类器就能识别出图像中的物品是橘子还是香蕉。

小智是怎样做到的呢？

5.2.1 了解"数据采集"

区分橘子和香蕉是一个简单的二分类问题。根据日常的生活经验，小智认为判别橘子和香蕉的主要依据是颜色和形状。橙色、圆形的是橘子，黄色、长条弯曲形的是香蕉。

小智收集了很多关于橘子和香蕉的数据，并以表格的形式呈现，如表5-3所示。

表5-3 橘子和香蕉的数据集

样本编号	特征1-颜色	特征2-形状	标签
样本01	深橙	圆形	橘子
样本02	浅橙	圆形	橘子
样本03	深黄	长条弯曲形	香蕉
样本04	浅黄	长条弯曲形	香蕉
……	……	……	……

这个表格中所有数据的集合被称为一个数据集，其中每一行数据是一个样本，记录了关于某对象的描述信息。每个样本都包含了训练模型所需的完整信息，即特征（如颜色、形状）和标签。

接着，小智将特征和标签进行了数字化处理，这样既符合计算机处理数据的要求，又可以得到更为精准的描述。例如，用数字1～10表示颜色特征，数值越大，颜色越深。同样，也用数字1～10表示形状特征，数值越大，形状弯曲度越大，数字为10表示圆形。此外，用数字0和1分别代表橘子和香蕉。

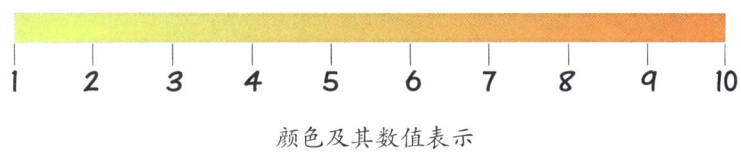

颜色及其数值表示

表5-3中的样本01就可以表示为：颜色值为9，形状值为10，标签为0。由此，可以将表5-3中的数据集用表5-4来表示。

表5-4 橘子和香蕉数据集的数字化表示

样本编号	特征1-颜色	特征2-形状	标签
样本01	9	10	0
样本02	7	9	0
样本03	4	2	1
样本04	2	4	1
……	……	……	……

机器学习的目的是从这些样本中习得特征和标签之间的对应关系，从而解决问题。

思考与实践

"特征"在机器学习中起着至关重要的作用,其主要功能表现在以下哪些方面?根据你的理解,选择正确选项( )。

A. 信息表达:特征将采集数据中的信息提取并表达为数值形式,便于模型处理。

B. 模式识别:通过学习特征与目标输出之间的关系,从而识别数据中的规律(或模式)。

C. 预测能力:高质量的特征能够直接决定模型的预测能力。

5.2.2 体验"数据采集"

1. 登录实验平台

理解了机器学习中数据采集的基本工作原理后,请登录图形化编程工具的实验平台,添加 ,加载机器学习"功能模块"。

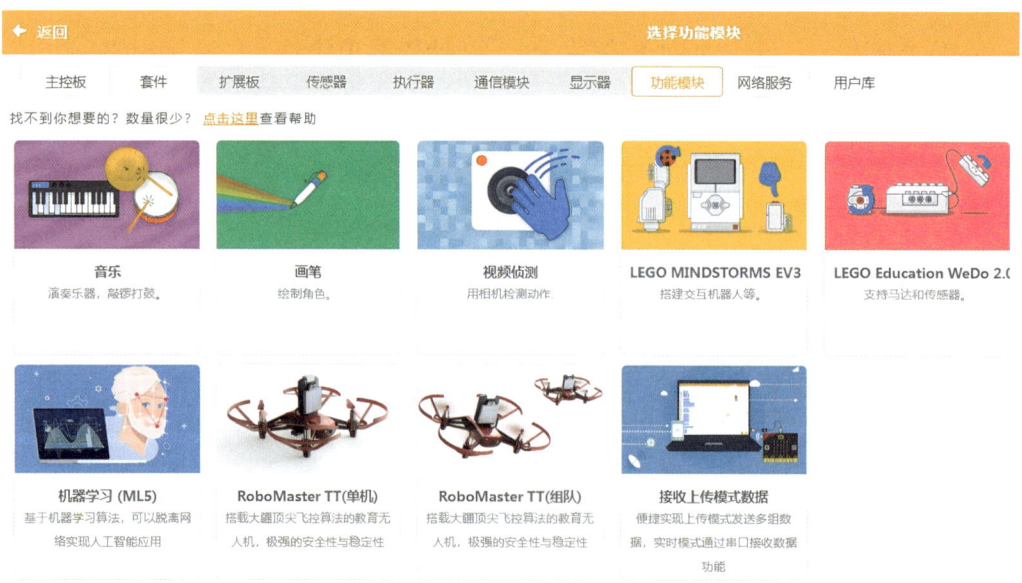

加载完成后,机器学习(ML5)积木块出现在"功能模块"界面中。

2. 编写程序

小智准备了一些橘子和香蕉的图片及实物用于训练,并利用摄像头完成数据采集。小智将橘子和香蕉的样本分别采集了 10 次,他通过程序控制采集过程,每次采集都对样本进行了特征提取,同时添加类别标签。

小智编写的程序如下。

知识拓展

关于训练数据集

在机器学习中，数据集的大小和质量直接影响机器学习效果的好坏。要想获得一个稳定可靠的模型，需要有足够数量的训练数据集，否则机器学习的结果可能会出现各种错误。

当训练数据太少时，机器会把训练样本学得很"顽固"，很有可能把训练样本中的各种旁枝末节的内容也当作样本应具有的特征属性。例如，假设只给机器两个数据样本——一张狗的图片和一张猫的图片,然后让机器学习区分狗和猫。结果会怎样呢?机器会觉得只有和左图完全一样的才是狗。

狗和猫的训练样本图片

当给机器输入其他品种狗的图片时,机器很有可能会认为这张图片和训练时狗的图片不一样,不会将其判定为狗,导致识别失败。

待识别数据图片

然而,当训练数据过多时,一方面会让机器进入高负荷运转的状态,耗时耗电;另一方面可能会混入错误数据和无效数据,导致机器学习失误。

因此,数据集的数量应适度。

3. 运行程序

将橘子和香蕉的图片输入计算机时,小智会将每个样本标记为"橘子"或"香蕉",这些被标记过的样本就构成了模型的训练数据。

小智运行程序,完成了数据的采集。

下一步，对数据进行训练。

思考与实践

接下来完成一个项目学习任务：训练一个分类器，用于区分手心和手背。

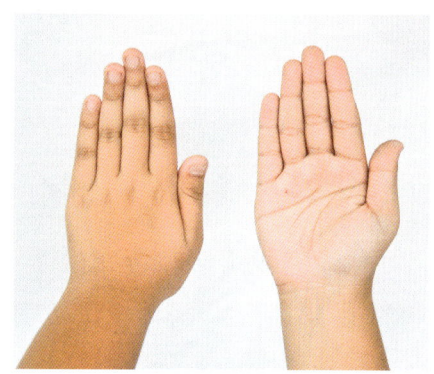

请完成机器学习的第一步：将两种手势（手心、手背）的信息数据化，通过图形化编程软件实现数据采集。

讨论与交流

在采集数据时，可以通过一些方法优化数据采集的过程，提升数据质量和效率。例如，在识别手心、手背前，增加识别背景的环节，能够提高分类器的完成效果。

关于"优化数据采集的过程"，你还有什么想法呢？将思考的结果记录下来，并与老师、同学分享。

5.3 模型训练：整理"学习"的思路

数据采集的目的是获得机器学习所需的材料。模型训练，则是利用这些材料让计算机学会如何出色地完成任务。

在模型训练的任务中，小智将帮助计算机整理"学习"的思路，用数据来训练分类器。

5.3.1 了解"模型训练"

在数据采集的过程中，小智将橘子和香蕉的图片输入计算机的同时，为每个样本标注了"橘子"或"香蕉"的标签，这些被标记过的样本构成了模型的训练数据。

计算机提取训练数据的特征，并将每个数据的特征与其对应的标签建立关联，这种关联可以用散点图来表示。例如，以横轴表示特征1（颜色），以纵轴表示特征2（形状），并且把每个样本的特征数值组织在一起，形成一个（颜色，形状）特征值数据小集合。

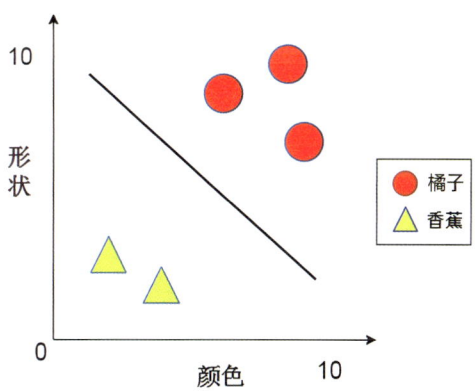

参照表5-4橘子和香蕉数据集的数字化表示，样本01的特征值可以表示为（9，10），样本02的特征值可以表示为（7，9）……每个样本

的特征值对应图中的一个坐标点（即特征点）。特征点之间的距离可以用来衡量样本之间的相似度，特征点之间的距离越近，样本的相似度越高。所有这些特征点构成的空间，被称为特征空间。

用一条直线将橘子和香蕉分开，这条直线的函数表达式就是训练好的模型。模型训练的目的，正是要确定这条直线。当一个新的对象被输入时，计算机将它在散点图中标注出来，然后依据其特征点与直线的位置关系，就可以判定这个新输入的对象是橘子还是香蕉。例如，新输入对象的特征点为（3，2），那么在散点图中它位于直线的左下方，则判定这个新的对象是香蕉。

这种训练分类器的过程，就是机器学习的过程，模型则是机器学习的结果。机器学习会用到一些算法，小智在这次的探究活动中，使用的是KNN分类算法。

KNN：最简单的分类算法之一

K-最近邻（K-Nearest Neighbor，简称KNN）算法是一种基于邻近度的监督学习分类方法，通过计算待分类样本与训练数据集中最近邻样本的距离，以多数表决原则确定其类别归属。

KNN算法的基本过程是：第1步，计算距离，即计算待分类样本与训练数据集中所有样本的距离；第2步，选择 *K* 最近邻，即选择距离待分类样本附近最邻近的 *K* 个训练样本；第3步，多数表决，即对 *K* 个样本的类型进行统计，占比最高的类别就是待分类样本的分类结果。

KNN是一种基于局部相似性的基础算法，其简单、直观，但计算复杂度高（需遍历所有训练样本），且性能高度依赖K值选择和距离度量。因此，KNN更适合小规模数据且类别边界清晰的场景，而在多维度数据训练或大数据集的应用上，效率明显受限。

思考与实践

机器学习中的分类算法，通过对已知类别训练数据集的计算和分析，发现规则并预测新数据的类别。

1. 请在互联网上查询资料，了解常见的分类算法有哪些。

2. 从常见的分类算法中选择1~2种进行深入学习，并将学习心得分享给老师、同学。

5.3.2 体验"模型训练"

1. 编写程序

图形化编程软件平台中加载了KNN分类算法的功能模块，直接调用相应的程序模块，即可实现对数据的训练。

在前面的体验活动中，小智已经对KNN分类器进行了初始化操作，并完成了数据采集。现在，小智在程序中调用了KNN分类器的训练模块，开始进行模型训练。

2. 运行程序

小智运行了这段小程序，完成模型训练。

模型的性能如何呢？我们需要在下一步中检验"学习"的结果，检测模型性能的优劣。

? 思考与实践

继续完成本单元的项目学习任务：训练一个分类器，用于区分手心和手背。

请完成机器学习的第二步：训练数据，从而得出合理的学习模型。通过图形化编程软件实现模型训练的过程。

讨论与交流

训练数据集的大小对机器学习模型的稳定性至关重要。如果训练数据集太小，模型可能无法学习到足够的信息，导致模型的学习能力很差，难以得到合理、准确的模型。

那么，是不是训练数据集越大越好呢？为什么？

请结合以上问题，查阅资料，并认真思考，最后与同学、老师分享你的想法。

5.4 模型测试：检验"学习"的结果

模型训练完成后，为了保证模型预测的准确性和可靠性，需要进行模型测试。

小智将通过模型测试来检验分类器的"学习"结果。

5.4.1 了解"模型测试"

人们通常会将收集到的数据集拆分为训练数据集和测试数据集。其中，训练数据集中的数据用来训练模型；测试数据集中的数据则用来测试训练结果，检测模型性能的优劣。对数据集的拆分，一般不是等比例的，训练数据集中的样本数量要远大于测试数据集中的样本数量（比如将训练数据集与测试数据集的比例设定为 5:1），且两个集合应该相互独立、没有重叠。

在模型测试阶段，小智又准备了一些橘子和香蕉的图片。与训练模型时使用的图片不同，这些新的图片没有标注"橘子"或"香蕉"的标签。这些没有添加类别标签的样本就构成了模型的测试数据。

输入测试数据后，计算机提取其特征，再与训练后的模型进行对比，判断并输出预测结果。如果大量预测结果正确，则表示模型训练成功。

模型的训练和测试与人们学习的过程非常类似。例如，学生在学校学习时，会进行大量的练习，这是"训练"的过程；学生要参加考试以检测是否有效掌握了已经学习的内容，这就是"测试"过程。

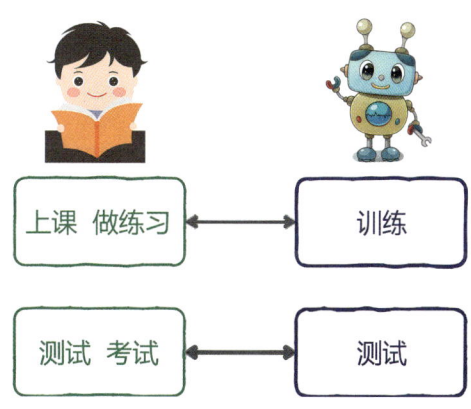

由此可见，模型的训练和生成依赖于数据和算法。对于同一个数据集，如果使用不同的算法，可能会获得不同的分类模型。

K均值聚类算法

K均值聚类算法（K-Means Clustering Algorithm）是一种无监督学习算法。所谓聚类，就是对于给定的数据按照某个标准进行分类。例如，对用户人群进行分类、对考试出现的题型进行分类、对动植物进行分类等。

在K均值聚类算法中，K值需提前确定，它表示要把数据分成多少个类别。例如，有10个小朋友，把他们分成2组一起玩游戏，那K值就是2。

K均值聚类算法的具体步骤如下。

第1步，随机选取K个中心点作为初始值。

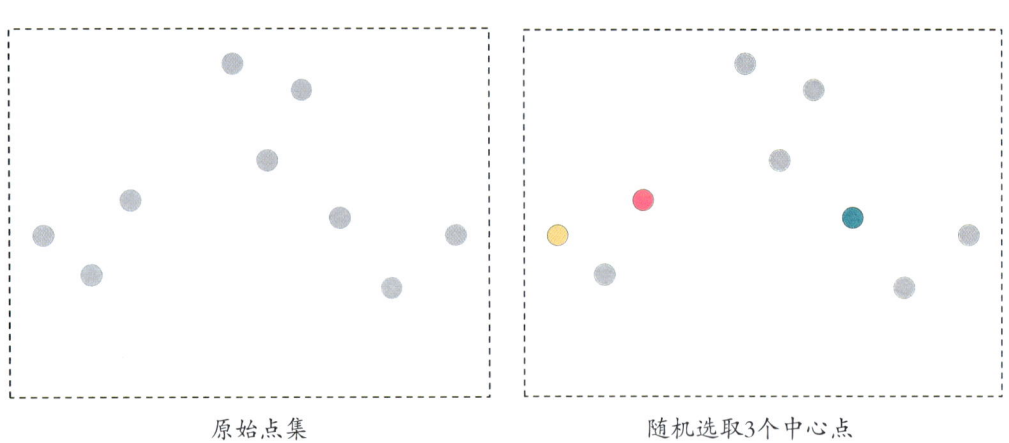

原始点集　　　　　　　　随机选取3个中心点

第2步，对于数据集中的每个点，分别找到离它最近的中心点，将其归为相应的聚类。

根据中心点的位置确定聚类分配方案

第3步，根据已有聚类的分配方案，对每个聚类（包括中心点和数据点）重新计算最优的中心点位置。具体来说，最优的中心点位置应该是该聚类所有数据点的平均位置。

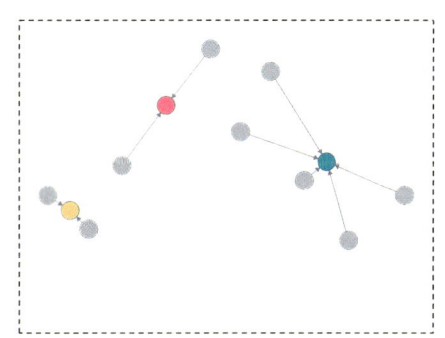

根据已有聚类分配方案，调整中心点的位置

第4步，对于数据集中的每个点，再次分别找到离它最近的中心点，将其归为新的聚类。

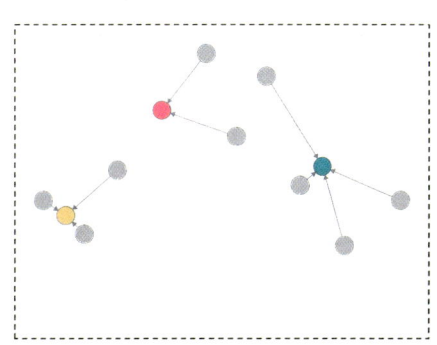

根据中心点的新位置，调整聚类分配方案

第5步，根据新的聚类分配方案，重新计算每个聚类（包括中心点和数据点）最优的中心点位置，即让中心点处于该聚类所有数据点的平均位置。

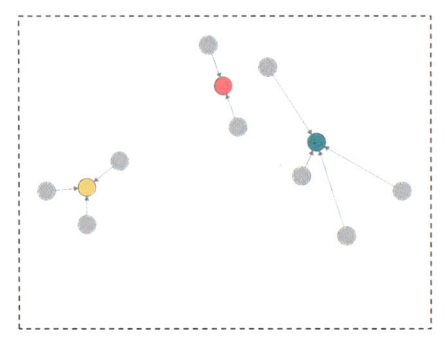

根据新的聚类分配方案，再次调整中心点的位置

重复第4步和第5步，直至中心点的位置及聚类的分配方案不再改变。

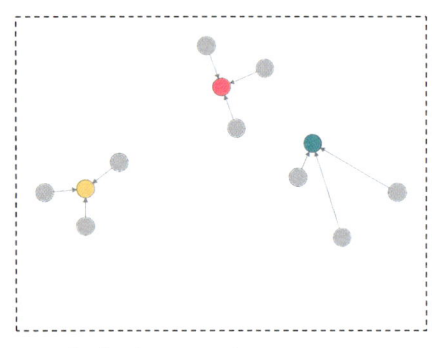

重复第4步：根据中心点的新位置，
调整聚类分配方案

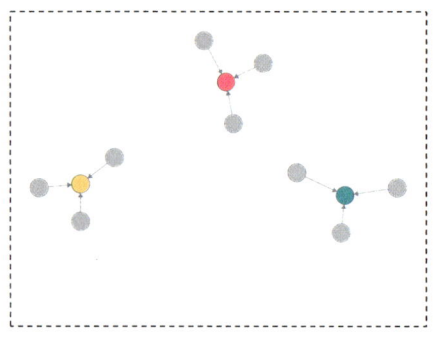

重复第5步：根据新的聚类分配方案，
调整中心点的位置

思考与实践

关于"模型测试"，以下说法中正确的是（　　　）。

A. 训练数据与测试数据的根本区别在于，训练数据标识了数据类型，而测试数据没有标识数据的类型。

B. 使用的算法不同，可能生成不同的模型，从而导致测试的结果不同。

C. 训练数据集与测试数据集的数据量应保持完全一致。

5.4.2 体验"模型测试"

小智编写了一小段程序，通过程序完成了模型测试。

你也可以试一试，看看模型输出的判断结果是否准确。

知识拓展

模型的"泛化"能力

机器学习的目的是让模型能较好地适用于"新样本"，而非仅在已有的数据样本上表现良好。对于训练时没有见过的数据，模型也应该能做出准确的预测，这样的能力叫作"泛化"能力。

这类似于学生不仅需要掌握练习题，还应具备举一反三的能力，才能应对考试中的新题目。例如，小智在学习乘法时，不仅知道3×4=12，还理解了乘法的交换定律。考试时，题目变成"4×3=？"，他依然能够答对。由此可知，小智真正明白了乘法的运算规律，这就是小智"泛化"能力的体现。然而，如果某同学只是记住了3×4=12，换一道题就不会做了，则说明他只是死记硬背了计算结果，而"泛化"能力不理想。

在机器学习中，如果模型的"泛化"能力不理想，则需要想办法优化模型。

为了优化模型，小智想到的办法之一是增大训练数据量或者增加训练次数。他认为通过这样的方式，可能会对优化模型有所帮助。就像小朋友要多次观察不同形态和种类的猫才能准确辨认出猫一样，模型也需要不断训练才能建立准确的识别能力。如果训练的量不够，学到的规律不全面，就容易认错。当然，多训练并不意味着总是看同一只猫的多张照片，而是要全面学习黑猫、白猫、三花猫、橘猫等大量不同品种、不同花色的猫的特征。数据越多样，越有利于抓住事物的本质规律。

小智认为，还可以尝试使用不同的算法解决问题，看看哪种算法预测的效果更好。算法类似于解题方法，选择合适的算法，才能让问题解决得又快又好。在机器学习过程中，一定要多尝试使用不同的算法，从而找到最优解。

此外，在训练过程中，如果模型在新数据上的预测结果开始变差，则务必提前停止训练，然后探究新的思路来解决问题。

优化模型的方法有很多，在具体实践时，要多琢磨、多尝试。

调参

在机器学习领域，大多数机器学习算法都涉及一系列需要精心设定的参数。这些参数的调节对于模型的性能有着决定性的影响。调节参数的过程，通常被简称为"调参"。

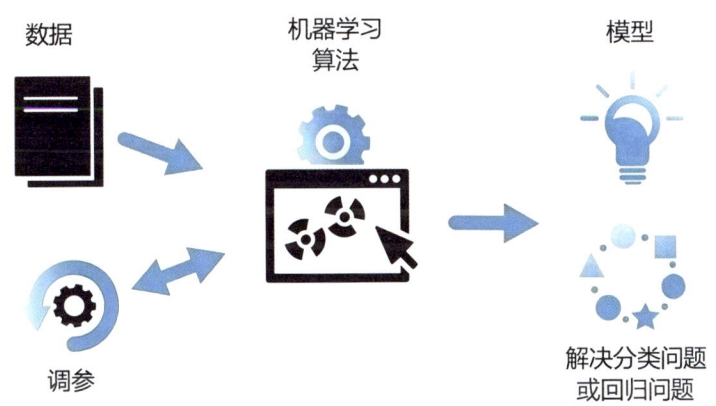

例如，在KNN算法中，K值表示选择距离待分类样本附近最邻近的K个训练样本。很显然，K值过小，分类训练数据集的准确率越高，但训练得到的模型可能会过于依赖局部的特征，即模型的"泛化"能力弱，导致测试数据集的测试结果误差率偏高；K值过大，则可能无法捕捉到数据中的细节规律，导致生成的模型过于简单，使得训练数据集和测试数据集的准确率都偏低。那么，K值作为此算法中的核心参数，则必须经过多次调整，才可能得到较好的模型。在 KNN 算法中，K 值被多次调节的过程，就是"调参"。

思考与实践

1. 从本节内容的介绍中，你能否归纳出"模型优化"的具体办法有哪些？请列举出来。

2. 继续完成本单元的项目学习任务：训练一个分类器，用于区分手心和手背。

完成机器学习的模型测试：通过图形化编程软件实现模型测试的过程，使用训练好的模型对新数据进行分类预测。如果预测的结果表明分类模型性能欠佳，要采取相应的办法进行模型优化。

讨论与交流

"如何设计一个性能良好的分类器（即分类准确率较高）"，是机器学习中的经典问题。区分手心和手背属于二分类问题。而在实际生活中，人们往往需要处理多类别分类任务。例如，区分月季、玫瑰和蔷薇 3 种不同的花，就构成了三分类问题。

请你结合机器学习的过程，思考如何解决多分类问题，并与老师、同学交流解决问题的基本思路。

单元小结

机器学习是机器实现智能的核心技术之一，也是机器获取智能的主要途径。有关机器学习的研究对人工智能领域起着强大的推动作用。机器学习通过算法解析数据,获得模型,从而解决各种问题,通常会经历数据采集、模型训练、模型测试等过程。

在本单元的学习中,我们初步了解了机器学习的基本过程。关于机器学习,你是否掌握了相关的学习内容?你觉得自己的学习态度是否合格呢?请对自己的表现做个评价吧。

项目	评价内容	自我评价
学习过程	认真听讲,积极发言	☺☺☺☺☺
	积极动手实践,自主探究	☺☺☺☺☺
	勤于思考,尝试解决问题	☺☺☺☺☺
学习内容	知道机器学习的主要分类:监督学习、无监督学习和强化学习	☺☺☺☺☺
	能列举机器学习和人类学习的异同点	☺☺☺☺☺
	能说出监督学习的主要流程	☺☺☺☺☺
	能区分监督学习中的特征和标签	☺☺☺☺☺
	能区分训练数据集和测试数据集的功能	☺☺☺☺☺
	掌握数据采集的基本方法	☺☺☺☺☺
	掌握模型训练的基本方法	☺☺☺☺☺
	掌握模型测试的基本方法	☺☺☺☺☺

5.1.1 P114

机器学习，是通过**算法**对已有**数据**进行分析、训练，从而获得相应的规律（即**模型**），然后将这些规律（即**模型**）应用到新**数据**或无法观测的**数据**中，以做出判断或者预测。

5.1.2 P118

应用描述	类型	
区分照片里的动物是猫还是狗	√分类	〇回归
根据小朋友每年长高的厘米数，预测下一年他会有多高	〇分类	√回归
通过考虑距离、车速和交通状况，预测从家到学校的行程需要多长时间	〇分类	√回归
根据书名或简介来猜测这本书属于科幻、童话还是历史故事	√分类	〇回归
将垃圾分类为可回收垃圾、厨余垃圾或其他垃圾，为环保贡献力量	√分类	〇回归
根据季节、日期和历史天气数据，预测未来几天的最高气温和最低气温	〇分类	√回归

5.2.1 P122

答案：A、B、C。

5.2.2 P126

参考程序如下。

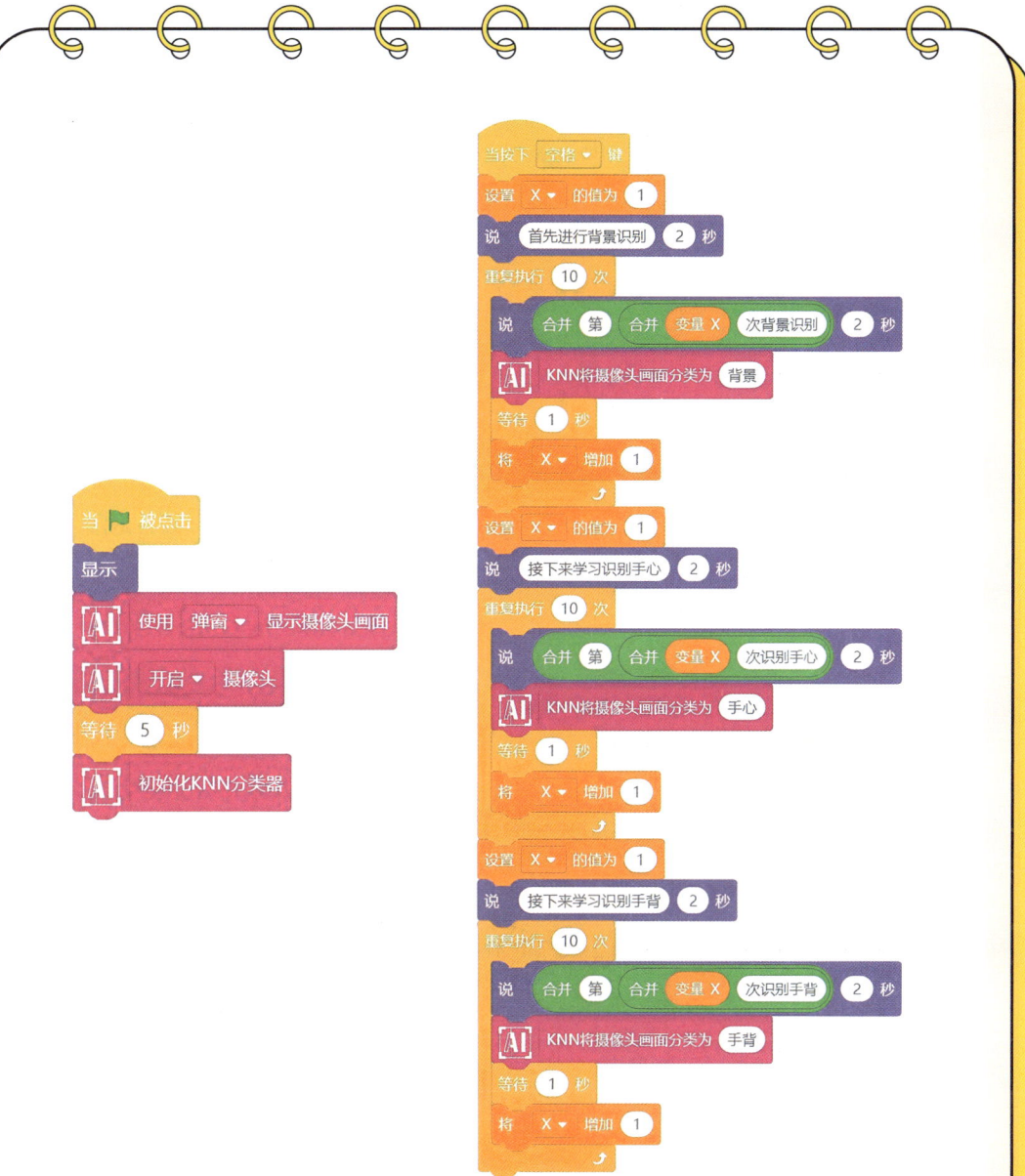

5.3.1 P129

1. 常见的分类算法有：K-最近邻（KNN）、决策树、朴素贝叶斯、逻辑回归、随机森林、支持向量机（SVM）等。

2.（略）

5.3.2　P130

参考程序如下。

5.4.1　P134

答案：A、B。

5.4.2　P138

1. "模型优化"的办法主要有：

（1）增大训练数据量或者增加训练次数；

（2）尝试使用不同的算法解决问题；

（3）及时调参。

2. 参考程序如下。

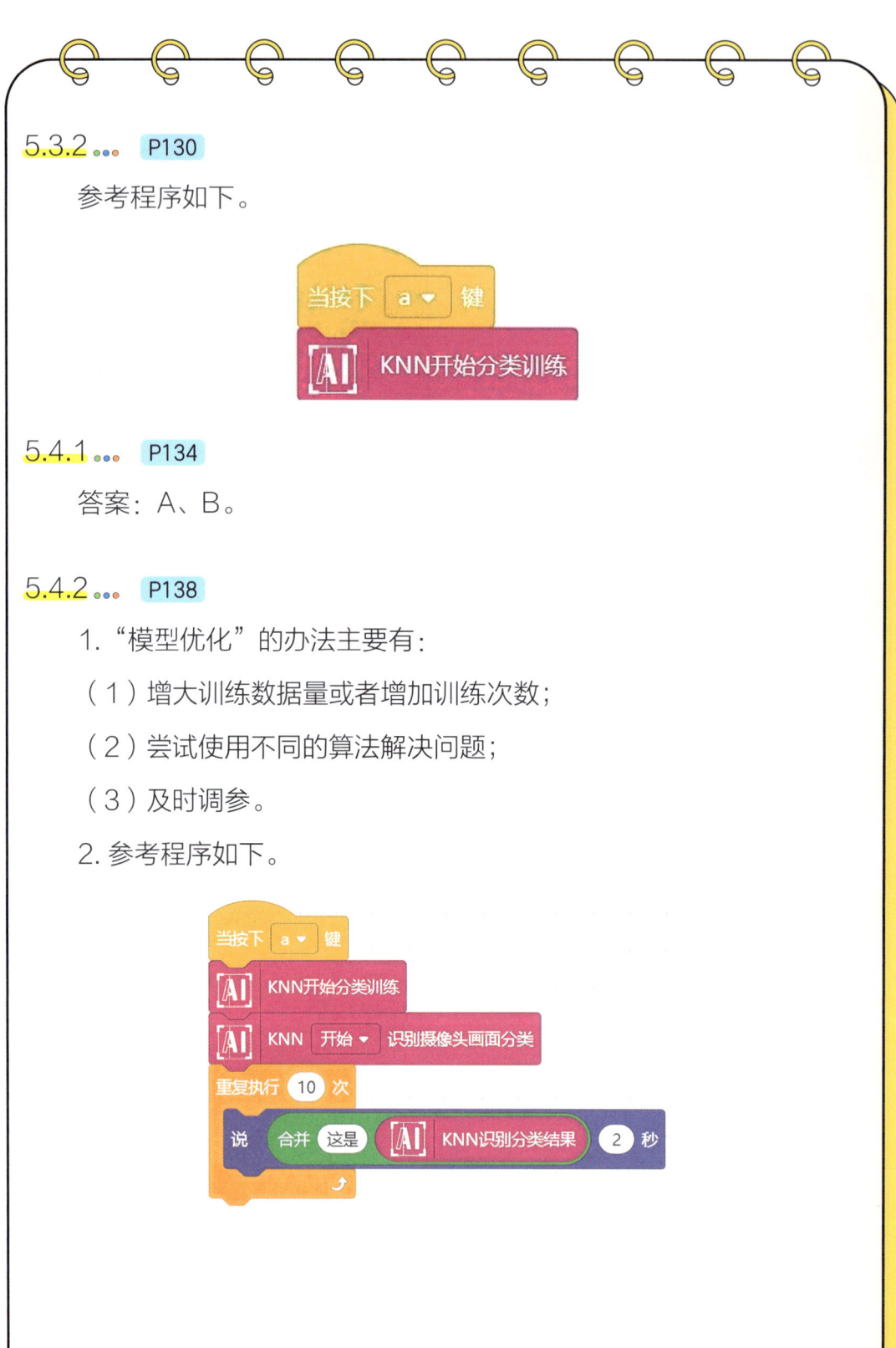

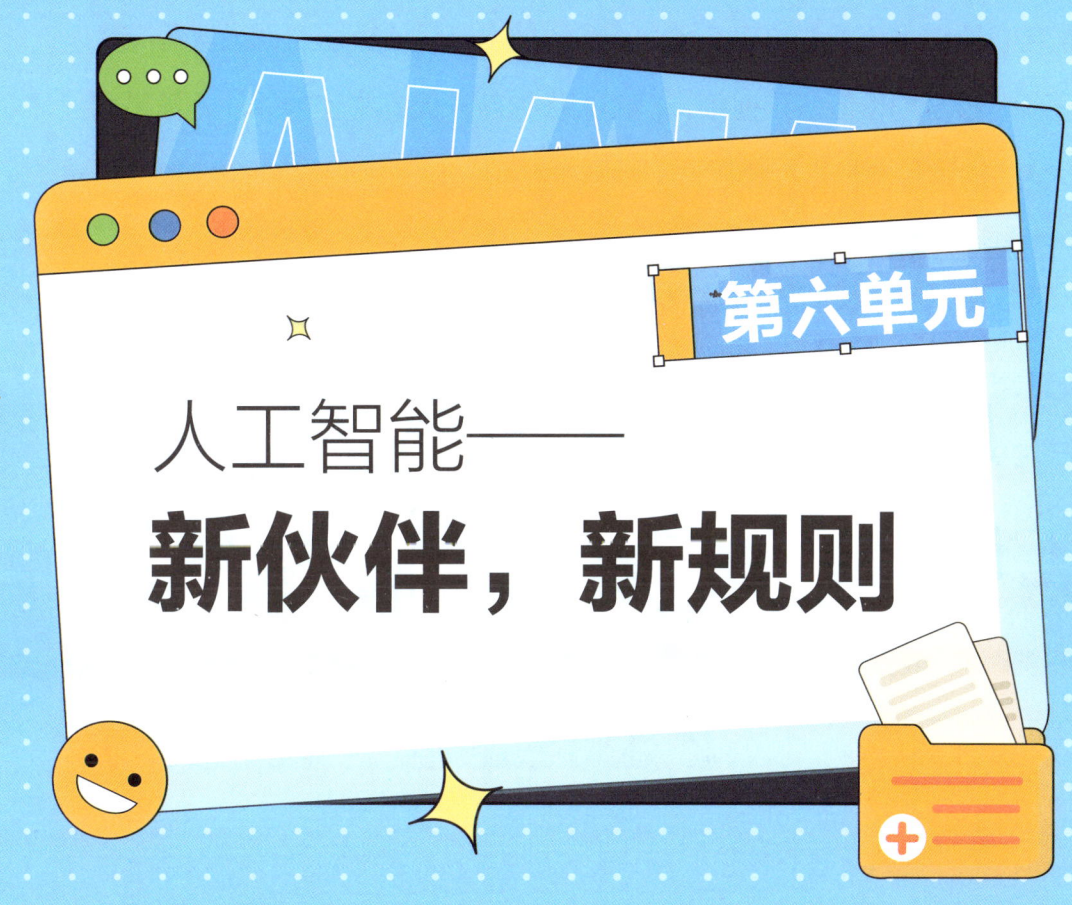

第六单元

人工智能——
新伙伴，新规则

人工智能（AI）技术为我们的学习、生活带来了极大便利，机器视觉能够实现物品识别、人脸识别、自动驾驶等功能；智能语音技术能够让人们与机器进行流畅的语言交流；AIGC 技术能够让机器帮助人类写文章、画画，甚至创作音乐和视频；机器人作为新一代的"智能体"，更是能到达人类所不能及的地方，做人类难以完成的事情。随着技术的发展，机器将变得越来越智能。

身处这个时代，你认为未来的人工智能将会如何发展？它是否会对我们的学习、生活、工作产生更深刻、更广泛的影响？我们在使用人工智能的过程中，又应该注意哪些问题呢？在本单元的学习中，我们将一起探寻答案。

📝 学习要求

- 了解人工智能的发展现状和趋势。
- 知道人工智能会朝着更绿色、更健康、更智能、更安全、更便捷、更广阔的方向发展。
- 理解使用人工智能的注意事项，会安全使用人工智能。

6.1 新伙伴：AI的发展和对未来社会的影响

机器在人工智能的作用下掌握了很多人类的本领，能够帮助我们解决很多问题。而且，它还在不断成长，你觉得人工智能的未来是怎样的呢？

6.1.1 人工智能的发展现状和趋势

1. 发展现状

人工智能已经对我们的学习和生活产生了很大的影响。例如，当我们遇到问题时，可以向智能音箱提问，让它帮忙探寻答案；我们也可以请阅读智能体推荐合适的书籍，并在读书时和它进行充分的交流；我们还可以通过虚拟在线平台，随时随地参观博物馆，收听讲解。这些 AI 技术能够帮助我们更好地学习。

现在，人工智能在生活中的应用非常广泛，并且与我们的衣、食、住、行紧密相关。例如，买衣服时，可以用 AI 试衣查看新衣上身后的效果；在饭店点餐时，点餐软件会根据我们的饮食习惯和食物的营养成分推荐合适的菜品；智能家居系统集合了家居环境的方方面面，可以自主调试室内的温度、湿度、光线等参数，以适应居住人对室内环境的需求。这些都是人工智能的功劳。

思考与实践

说一说,你在学习和生活中使用过哪些人工智能技术,它们帮你解决了什么问题?你希望这些技术在哪些方面做得更好呢?

把你的想法填写在表 6-1 中,然后与老师、同学交流。

表6-1 人工智能技术应用

领域		使用人工智能技术解决的问题	希望人工智能还能够做的事情
学习			
生活	衣		
	食		
	住		
	行		

2. 发展趋势

技术的发展是为了满足人们的需求和愿望。我们希望人工智能做到的事情,很可能就是它未来的发展方向。

人工智能使机器能模拟更多人类能力。当前的智能音箱大多只能进行简单的一对一对话，一般一次只能向其提出一个问题或要求，它很难根据之前的对话内容和人类进行长时间、连续的交流。然而，未来的机器人则可能像人一样，进行持续对话与沟通。到那时，如果你问它："昨天我问你的问题有答案了吗？"它可能会回答："我已经想明白了，我觉得是……"

在未来，或许当你走到 AI 试衣镜前，镜面上会自动切换成你的形象，它不仅能为你带来个性化的虚拟试衣体验，还能推荐符合你年龄、喜好、穿衣风格的衣服；未来机器人的能力更加综合、全面，也许餐厅里的机器人不仅会取号、叫号、指引、送餐，还会全面管理一个餐厅，承担食材自动补货、设备维护等工作；自动驾驶技术也会更加成熟，外出时，汽车会在指定地点等待用户，然后快速、安全地把用户送到目的地，实现真正的无人驾驶；未来还有可能出现智能飞行器，给我们提供更多的出行选择，说不定，我们还能乘坐无人飞船去太空旅行。

6.1.2 基于人工智能的未来社会畅想

1. 更绿色

当前，社会快速发展的同时，也出现了温室效应加剧、雾霾等环境问题，这对人们的身心健康造成了危害。人工智能技术可以帮助人们更好地利用太阳能、风能、水能、海洋能等可再生能源，推动社会向低碳化转型，从而减少污染并促进可持续发展。例如，人工智能可以通过感知并进行细致分析后，将阳光最充足的地理位置"告知"人类，并帮助我们把太阳能板安装在最合理的位置，让设备吸收更多阳光，产生更多电能。

2. 更健康

人工智能在医疗方面也将发挥更大的作用，为人们的健康保驾护航。

未来，可能每个人都会有一个健康账号，人工智能技术可以实时采集健康数据并记录下来，同时还会时刻观察数据的变化，如果发现异常，就会发出警报。如此，仿佛在我们的身体里安插了一个小小的侦察兵，能够在疾病刚开始出现时就发现它们。然后，智能技术会对我们的身体进行更为全面的检测，并进行精准治疗。随着基因测序、基因治疗、分子治疗等技术的发展，人们的健康状况会大大改善，衰老速度也会延缓。

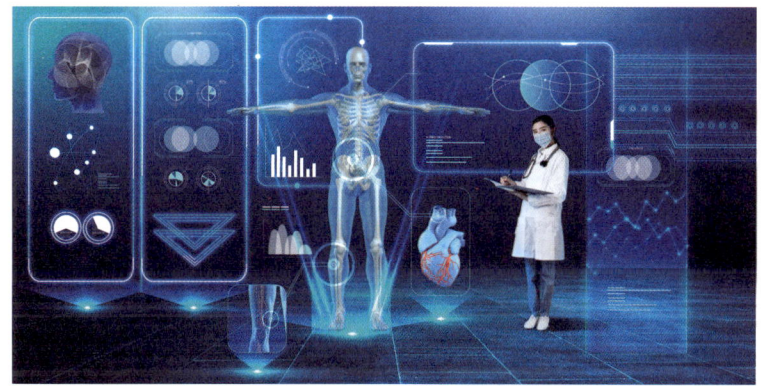

3. 更智能

智慧系统作为人工智能的载体之一，会让社会变得更加智能。

智慧家居系统能自动调节室内照明、温度、湿度等，能在家中无人时自动打扫卫生，关闭水、电、燃气等供应设备，这让归家的人感觉更舒适，让外出的人感觉更踏实；智慧交通系统能够动态优化并协调好路上行人、自行车和机动车的出行秩序，显著提高交通的安全性和通畅性；智慧物流会大幅提高物流速度。也许在不久的未来，你只需要对智能音箱说出"要购买一本关于AI的科普书"，它就能向你提供多个样例，并逐一告诉你这些书各自的优点与不足，以帮助你更好地进行选择。

4. 更安全

人脸识别、指纹识别、虹膜识别、声纹识别等生物识别技术,可能会逐步成为传统密码的有效补充。在个人账号登录、移动支付、身份认证等场景中,生物识别提升了身份验证的便捷性和安全性,降低了密码泄露风险。

然而,生物识别技术并非绝对安全。多数生物特征具有不可变更性,一旦信息泄露,可能导致永久性风险。此外,生物特征可能被伪造,需结合活体检测(如眨眼检测、红外成像)等技术增强防护。

因此,未来的信息安全保护将搭配更严密的智能安全措施,比如通过实时监测异常行为、自动预警数据泄露风险,以及在不泄露原始数据的情况下训练模型等多重技术,在保护个人隐私的同时,有效提升系统的安全性。

相信智能系统在保护公民隐私安全、维护社会公共安全等领域具有广阔的应用前景。

5. 更便捷

　　人工智能会让我们的生活变得更便捷。有了人工智能的帮忙，未来人们会建造出更多优质的桥梁、道路，会生产出一系列多维度、超高速的交通运输工具，让更多的天堑变为通途，让千里之外的亲友相聚变得更加便捷。各种小型飞行器的驾驶功能将不断优化。或许，你订货不足半小时，无人机送货员就将货物送到了你的手中；城市的上空也可能会出现个人的飞行驾驶小单体，这将有效解决城市交通拥堵问题。

6. 更广阔

人工智能有望推动社会向更广阔的方向发展。有了人工智能的助力，离子推进器、核聚变动力火箭、激光动力推进器等先进技术将得到前所未有的长足发展。对于遥远的太空，人类也可以进行更深入的探索。

思考与实践

人工智能技术会让我们的生活变得更安全、更便捷。想一想，人工智能在表6-2所示的领域中的应用，会对人们的生活产生哪些影响呢？

表6-2　人工智能对人们的影响

人工智能应用领域	对人们的影响
智慧医疗	
智慧物流	
智慧教育	
智慧交通	
智能家居	

知识拓展

自动驾驶

目前，很多汽车都拥有"自动驾驶"的本领，能自主在路上行驶。这是如何做到的呢？其实，自动驾驶汽车的身上安装了很多传感器，有摄像头、雷达等。这些传感器如同汽车的"眼睛"，能"看"清道路上各种状况，比如路边的路标指示牌、周边的车流、前方的障碍物等，并将"看"到的信息传输给车内的电脑。电脑就像汽车的"大脑"，能迅速分析信息，并指挥汽车下一步的行为，比如加速、减速、转弯等。

当前自动驾驶技术仍处于"智能辅助驾驶"阶段，尚无法在复杂道路环境或长距离行驶中完全替代人类驾驶员。面对突发异常情况时，系统仍需人类及时接管。但是，从技术发展的趋势来看，在可预见的未来，自动驾驶技术将实现成熟和安全可靠。届时，人们在车上可以只做轻松、休闲的乘客，享受全程无忧的出行体验。

讨论与交流

人工智能让我们的学习和生活发生了很大的变化。利用所学知识，充分发挥你的想象，说一说你认为人工智能在未来会朝着哪些方向发展，人们的生活还将发生哪些改变？

人工智能引领的科技革命会让社会变得更绿色、更健康、更智能、更安全、更便捷、更广阔，从6个"更"中挑选一个你最感兴趣的方向，对未来社会进行描述。

从以上两个题目中选择一个回答，并将你的设想写成短文，或以多媒体作品的形式呈现，然后与同学、老师交流。

6.2 新规则：AI也要"讲秩序"

人工智能促使人类与机器成为好伙伴，但想要实现与人类和谐相处，还需要遵守一些规则与秩序。

6.2.1 AI需要"新规则"

人工智能让人们的生活变得丰富多彩。我们可以让智能玩具讲故事，向它询问各种问题，与它直接聊天、互动，甚至可以像老朋友一样和它相互调侃。

但是，有些不怀好意的人可能会利用人工智能来窃取我们的隐私。

多年前，国外某公司出品的一款可联网的智能泰迪熊玩具发生了严重的数据泄露事件。黑客入侵了该公司的数据库，盗取了超过200万条儿童与父母的语音记录，以及超过80万个账户的电子邮件地址和密码。

随着技术的发展，很多软件或平台能帮用户制作和自己外貌、声音一样的数字人，让人们的很多心愿得以实现。与此同时，用户的照片、声音等信息也会被软件或平台记录下来。如果别有用心的人利用这些私人的信息，向用户的家属发送虚假信息，牟取非法的利益，就会让用户及其家属处于危险的境地。

自动驾驶技术虽然能够让司机在一定程度上得到解放，但如果有坏人用特殊手段干扰汽车的电脑系统，也就是在汽车的"大脑"里捣乱，让汽车做出危险的动作，则可能造成车祸等严重后果。多年前，为了测试汽车的安全性，就有相关技术人员在没有接触汽车的情况下，远程入侵汽车系统，对智能汽车的刹车系统、转向灯、座椅位置及门锁系统进行了控制。

想象一下，如果此事发生在实际驾驶的过程中，该多么恐怖！

思考与实践

人工智能技术给人们生活带来的困扰可能不止上文提到的这些内容。在使用人工智能软件自拍、阅读人工智能撰写的新闻、观看人工智能制作的视频时，都可能存在安全风险。

想一想，这些行为可能存在哪些风险，并填写在表6-3中。

表6-3　使用人工智能技术可能面临的风险

使用人工智能技术	可能面临的风险
使用人工智能软件自拍	
阅读人工智能撰写的新闻	
观看人工智能制作的视频	

人工智能时代，必须建立法律与伦理框架，否则人工智能技术可能会被恶意滥用，对人类造成危害。人工智能的创作与使用都需要遵守相应的规则。

6.2.2　使用AI"讲规则"

传统的行为规范已无法应对人工智能带来的技术风险与伦理困境。作为这个时代的"原住民"，我们应建立使用人工智能的规则。

1. 树立数据主权意识

在使用人工智能产品时，如果涉及个人数据授权，未成年人要请父母或老师帮忙确认 AI 软件或平台的安全性以后，再进行操作，以免造成信息泄露。注意保持警惕，不要随便将自己的姓名、年龄、学校、家庭住址、电话号码等隐私数据上传到平台。

向平台上传信息之前，可以执行 3 步小操作：删除定位、模糊人脸背景、替换真实姓名，这样可以有效保护我们的个人隐私。

2. 培养突破信息茧房的素养

现如今，线上学习与活动过于频繁，我们的很多爱好、习惯正在被智能算法系统性地采集和分析。基于这些数据，各平台向我们持续推送类型相对固定的内容，长此以往可能导致我们的信息接触面变窄，最终形成"信息茧房"现象。

想要突破信息茧房，我们需要培养一些技术素养：要懂得用逆向思维分析智能算法的推荐逻辑，识别固定信息类型的推送模式；可以刻意搜索一些学术类的、更有浏览价值的信息，形成主动向平台喂养优质数据的状态，将相关内容平台打造成个人学习知识的智能"管家"；同时，也要保持独立思考的习惯，定期主动搜索、浏览新的学习内容，而非直接阅读平台推荐的信息。

3. 遵循合理的人机协作原则

与 AI 打交道，必然会涉及人机协作。

AI 应用，尤其是 AI 大模型的使用，可以在文本撰写、数学解答、编写程序、应用工具等方面给人们提供很多帮助，但是作为一名学生，我们必须有"红线意识"，严格区分辅助与代劳。在写作中，AI 应仅用于语法修订或结构建议，学生需通过对比修改内容提升自己的写作能力；在数学解题中，应以自主推导为主，AI 仅作为答案的验证工具。总之，学生要以"学习"为根本目的，保留独立思考空间，避免技术依赖。

在用 AI 辅助学习的过程中，要关注 AI 技术提供的学习内容的来源，对知识信息的提供者要给予尊重，但也应辩证地看待 AI 提供内容的准确性。建议每一位学习者在使用 AI 代写信息后，添加"AI 辅助"的标识，以此维护人机协作的基本原则。

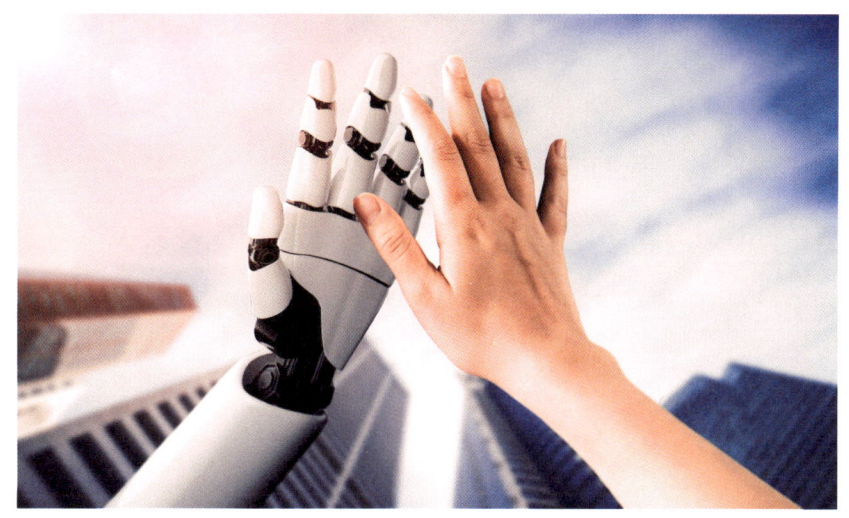

4. 规划智能生命的边界

AI 技术是有用的，也是好用的，但不是万能的。它无法替代一个真实生命体的全部体验。除了与 AI 协作，我们更需要与人类伙伴保持直接的语言交流和情感联结。对于 AI 这个"新伙伴"，我们应该主动规划出与它相处的边界。

我们可以为聊天机器人等个性化的 AI 工具设置每日的有效工作时限，当达到预设时间后，就会自动断开连接，从而避免我们对它形成过度的情感依赖。

我们也可以尝试在每周设立一天"纯人类交往日"。在这一天中，不接触各类 AI 产品，专注于与父母、老师、同学、身边的朋友或远方的亲友进行真实互动，尽情感受人与人交往的情感温度。

思考与实践

在使用 AI 技术的过程中，你认为还有哪些新秩序、新规则是人们应该遵守的？请列举出来，与老师、同学分享你的想法。

人工智能时代催生了新技术、新方法，同时也需要建立"新规则"来规范大家的行为。

作为未成年人，我们应该意识到，在人工智能快速发展的今天，必须增强自身的知识水平和学习能力，才有可能确保自己及家人更有效、更合理、更安全地使用人工智能技术。

数字人

数字人是什么？数字人是由计算机创造出来的"虚拟人"。它不是真正的人类，但长得很像人。人们与数字人交流时，仿佛在与真人进行互动，有真实的"亲切感"。

尽管数字人能帮我们做很多事情，但也可能存在安全问题。在与数字人交流的过程中，也要注意遵循AI"新规则"。

讨论与交流

人工智能给人们的学习、生活带来极大便利的同时，也带来了一些风险。人工智能可能会带来哪些风险？我们应该如何防范？

请与老师、同学讨论以上话题，用文字、绘画、视频或其他表现形式，制作一份"安全使用AI"的宣传作品，并与他人进行分享、交流。

单元小结

人工智能的发展迅速。作为数字时代的"原住民",我们应该如何理解 AI 这个"新伙伴"?如何规范、合理、有效地与 AI 相处?这是关乎我们每个人数字化生存的重要课题。

在本单元的学习中,我们理解了人工智能的发展现状,了解到人工智能在人类衣、食、住、行等方面所提供的服务,也畅想了未来技术的发展趋势。当然,我们还对使用人工智能的"新规则"进行探讨,希望能够更加安全、规范、合理地生活在这个新时代。这些内容,你掌握了吗?你觉得自己的学习态度是否合格呢?请对自己的表现做个评价吧。

项目	评价内容	自我评价
学习过程	认真听讲,积极发言	☺☺☺☺☺
	积极动手实践,自主探究	☺☺☺☺☺
	勤于思考,尝试解决问题	☺☺☺☺☺
学习内容	了解人工智能的发展现状	☺☺☺☺☺
	了解人工智能的发展趋势	☺☺☺☺☺
	知道人工智能的发展方向	☺☺☺☺☺
	知道使用人工智能的注意事项	☺☺☺☺☺
	建立使用人工智能的规则意识	☺☺☺☺☺

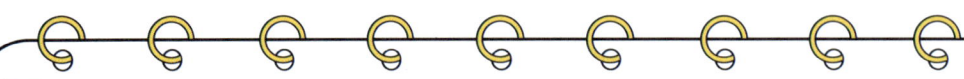

参考答案

6.1.1 P146

领域		使用人工智能技术解决的问题	希望人工智能还能够做的事情
学习		向机器提问	用动画的方式为我讲解知识
生活	衣	虚拟试衣	根据天气为我推荐穿什么
	食	向我推荐好吃的	机器人为我做饭
	住	用智能音箱控制家中的电器	能让我的家变得更舒适
	行	使用导航查询行驶路线	自动驾驶

6.1.2 P152

人工智能应用领域	对人们的影响
智慧医疗	让每个人及时了解自己的身体情况
智慧物流	无人机送快递，让人们能更快收到包裹
智慧教育	让教育资源更加丰富、分布更为均衡
智慧交通	让人们的出行更便捷
智能家居	让人们的居住体验更安全、舒适

6.2.1 P155

使用人工智能技术	可能面临的风险
使用人工智能软件自拍	泄露个人照片
阅读人工智能撰写的新闻	读到假新闻
观看人工智能制作的视频	视频中的人物是虚拟数字人

6.2.2 P159

（略）